공학도를 위한 창의적 컴퓨팅

Creative Computing
for Engineering Students

공학도를 위한 창의적 컴퓨팅

Creative Computing for Engineering Students

원정임·조호성·탁문호 지음

한양대학교 출판부

머리말

이 교재는 공학에 입문한 신입생들이 프로그래밍의 기초를 탄탄히 다지고, 공학 문제를 창의적으로 해결하는 데 도움을 주기 위해 집필되었습니다. 공학 분야에서 프로그래밍 학습은 단순한 코딩 기술을 넘어 논리적 사고와 문제 해결 능력을 키우는 중요한 과정입니다. 오늘날 디지털 사회에서 프로그래밍은 공학의 다양한 분야에서 필수적인 도구로 자리 잡았으며, 미래 기술 혁신을 이끌어갈 공학도들에게 기본 소양으로 요구됩니다.

이 교재는 프로그래밍 이론과 실습을 균형 있게 구성하여 공학 문제 해결 과정을 심도 있게 학습할 수 있도록 작성되었습니다. 각 장에서는 폭넓은 프로그래밍 개념과 문법을 체계적으로 설명하며, 쉬운 예제 문제부터 도전적인 실습 문제까지 단계적으로 제공하여 학습자의 이해를 돕고자 하였습니다.

프로그래밍을 배우는 과정은 때로는 어렵고 지루하게 느껴질 수 있습니다. 그러나 공학도로서 끈기와 호기심을 가지고 도전한다면, 전공 분야에서 프로그래밍을 효과적으로 활용할 수 있을 것입니다.

이 교재가 여러분의 프로그래밍 여정에 유용한 길잡이가 되기를 바라며, 학습의 즐거움을 발견하시기를 기원합니다.

2025년 1월 저자 일동

차례

Chapter 1

연산식

이번 장에서는 다음과 같은 내용을 학습합니다.

연산식

상수와 변수

연산자

연산식

프로그래밍 언어에서 계산을 표현할 때는 연산식(expression)을 사용해야 한다. 연산식은 다음과 같이 피연산자(operand)와 연산자(operator)로 구성된다.

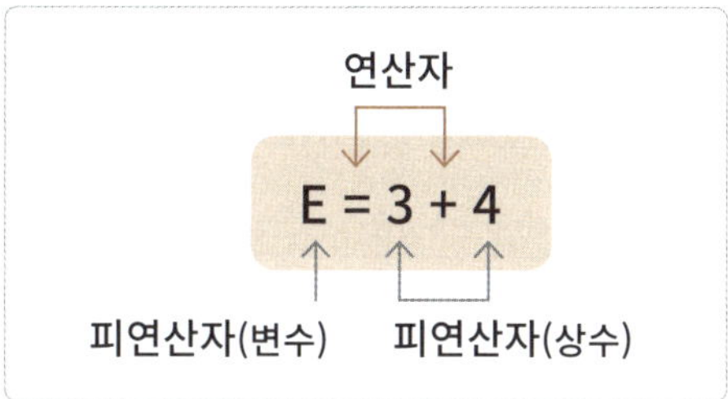

연산식

피연산자는 연산의 대상으로 상수(constant)와 변수(variable) 등을 말하며, 연산자는 피연산자들 간의 연산을 위한 기호이다.

상수와 변수

상수는 프로그램이 실행되는 동안에 변하지 않는 값으로 다음과 같은 종류가 있다.

상수의 자료형	예시	설명
정수형(integer type)	2, 3, 0, -7, 11	소수점이 없는 숫자의 값
실수형(floating point type)	1.5, 3.7, -4.71, 3.0	소수점이 있는 숫자의 값
문자열형(string type)	'안녕', "Python", '456'	1개 이상인 문자의 값
불리언형(boolean type)	True, False	참과 거짓으로 나타내는 논리의 값

문자열을 표현할 때는 작은따옴표(single quotes)와 큰따옴표(double quotes)를 모두 사용할 수 있다.

변수는 프로그래밍이 실행되는 동안 변하는 값 또는 정해지지 않은 임의 값을 지칭하는 이름이다. 그리고 다른 언어와 다르게 파이썬에서는 변수의 자료형을 지정하지 않는다.

변수명(변수의 이름)을 정할 때는 다음 규칙을 따라야 한다.

규칙 1) 영문자(A-Z, a-z), 숫자(0-9), 밑줄(_)로 구성할 수 있다.
규칙 2) 한글도 가능하지만 사용은 권장하지 않는다.
규칙 3) 첫 글자로 숫자가 올 수 없고, 띄어쓰기는 불가능하다.
규칙 4) 대소문자를 구분하고 영문자와 숫자, 밑줄의 혼용이 가능하다.

프로그램의 이해도를 높이기 위해 변수명은 값의 의미나 특성을 파악하기 쉽도록 만들어야 한다. 예를 들어 학생의 키에 관한 변수명을 정할 때 student_height 처럼 단어를 조합하면 이해하기 편리하다.

가능한 변수명	age, gradeofStudent1, student_height, _version
불가능한 변수명	hour of class, a+b, 80score, 'color', e@mail
권장하지 않는 변수명	이름, abc, a2b0cw000c, π

변수에 값을 지정(assignment)하기 위해서는 지정 연산자 =를 사용한다. =를 기준으로 왼쪽에는 변수명, 오른쪽에는 상수, 변수, 연산식 등을 쓸 수 있다.

예시	설명
var = 3	변수명 var에 정수값 3을 지정
var = 1.5	변수명 var에 실수값 1.5를 지정
var = 'Python'	변수명 var에 문자열값 'Python'을 지정
var = True	변수명 var에 논리값 True를 지정
var = var + 3	변수명 var에 연산식 var + 3의 결과값을 지정

변수에 값을 지정하고 메모리 주소(id)를 확인하는 과정은 다음과 같다.

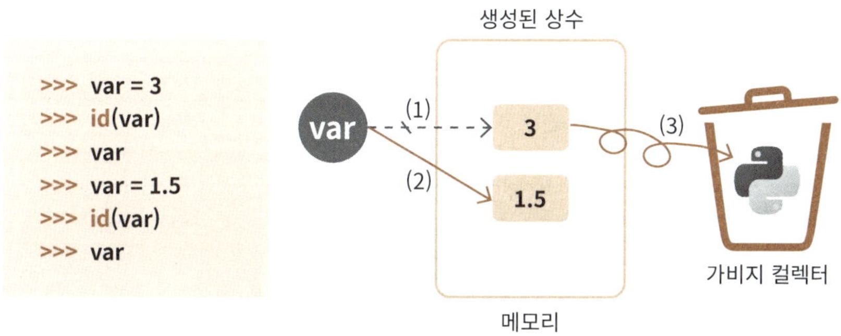

위 예시에서 (1) 'var = 3'을 실행하면 정수형 상수 3이 메모리에 저장되고, 변수 var에 지정된다. id(var)은 변수 var에 지정된 상수 3의 메모리 주소를 반환한다. (2) 'var = 1.5'를 실행하면 실수형 상수 1.5가 메모리에 새롭게 저장되고, 변수 var에 지정된다. 이후 id(var)를 실행하면 3과 1.5가 각각 서로 다른 메모리 주소를 가지는 것을 확인할 수 있다. (3) 3을 지정하는 변수들이 더 이상 없을 경우, 가비지 컬렉터(garbage collector)에 의해 3이 메모리에서 제거된다.

연산자

연산자는 연산을 나타내는 기호로 산술연산자, 관계연산자, 논리연산자 등이 있다.

산술연산자는 피연산자들의 4칙 연산 등의 기본 연산을 수행하는 연산자이다.

연산자	의미	예시	결과	설명
+	덧셈	5 + 2	7	-
		'five' + 'two'	'fivetwo'	하나로 연결된 문자열을 반환
-	뺄셈	5 - 2	3	-
*	곱셈	5 * 2	10	-
		'Hi' * 3	'HiHiHi'	정수만큼 반복된 문자열을 반환
/	나눗셈	5 / 2	2.5	연산 결과는 항상 실수형값을 반환
//	나눗셈(몫)	5 // 2	2	-
%	나눗셈(나머지)	5 % 2	1	-
**	지수승	5 ** 2	25	-

관계연산자는 피연산자들의 값의 크기를 비교하여 참(True)인지 거짓(False)인지를 판별하는 연산자이다.

연산자	예시	설명
>	4 > 3	4가 3보다 크면 True 아니면 False를 반환
<	4 < 3	4가 3보다 작으면 True 아니면 False를 반환
<=	4 <= 3	4가 3보다 작거나 같으면 True 아니면 False를 반환
>=	4 >= 3	4가 3보다 크거나 같으면 True 아니면 False를 반환
==	4 == 3	4와 3이 같으면 True 아니면 False를 반환
!=	4 != 3	4와 3이 다르면 True 아니면 False를 반환

실수형 값들은 메모리에 저장될 때 2진수 형태로 정확하게 저장되지 않는 경우가 있기 때문에 실수형 값들을 ==로 비교 연산을 수행하지 않도록 한다.

논리연산자는 논리식이 참(True)인지 거짓(False)인지 판별하는 연산자로 단축평가(short circuit evaluation)를 실행한다.

연산자	예시	설명
and	x and y	x가 True로 평가되면 연산 결과로 y의 결과값을 반환 x가 False로 평가되면 연산 결과로 x의 결과값을 반환
or	x or y	x가 True로 평가되면 연산 결과로 x의 결과값을 반환 x가 False로 평가되면 연산 결과로 y의 결과값을 반환
not	not x	x가 True 이면 False를 반환, x가 False 이면 True를 반환

연습문제

아래 코드의 실행결과를 쓰세요. 오류가 발생하면 오류라고 쓰세요.

```
>>> 10 + 5 - 20

>>> 10 - 5 * 20

>>> (10 - 5) * 20

>>> 10 / 5

>>> eng = 80
>>> math = 90
>>> total = eng + math
>>> ave = total / 2
>>> total, ave

>>> summation = midterm + final
>>> midterm = 90
>>> final = 70
>>> summation

>>> pizza = 5000
>>> pizza * 2
>>> pizza

>>> 'python' + 'program'

>>> firstName = '라임'
>>> lastName = '박'
>>> Name = firstName + lastName
>>> Name
```

```
>>> num1 = num2 = 10
>>> num1, num2

>>> num1, num2 = 10, 20
>>> num1, num2

>>> num1 = 10, num2 = 20
>>> num1, num2

>>> num1 = 10
>>> num2 = 10
>>> id(num1)
>>> id(num2)

>>> num1 = 20
>>> id(num1)
>>> id(num2)

>>> 0 < 6
>>> 6 <= 6
>>> 6 =< 6
>>> 6 == 6

>>> 3.14 * 10 == 31.4

>>> 'Hello' == 'Hello'
>>> 'Hello' == 'hello'
>>> 'hello' < 'world'
>>> '김하늘' < '이바다'
>>> '16' < '8'

>>> 1 < 3 < 10
>>> 1 < 3 and 3 < 10
```

```
>>> 1 < 3 > 10
>>> 1 < 3 or 3 > 10

>>> True or False and False
>>> True and False or False

>>> True or 2
>>> True and 2
>>> False or 2
>>> False and 2

>>> 0 and True
>>> 0.0 and True
>>> '' and True
>>> 1 and True
```

실습문제

아래와 같은 실행결과가 나오도록 파이썬 아이들(IDLE) 쉘창에서 소스코드를 작성하세요.

1. 변수 x의 값이 4일 때, 이차방정식 $x^2 + 2x + 5$의 값을 출력하세요.

실행결과

```
29
```

2. 문자열 '안녕!'과 + 연산자를 사용하여 다음과 같이 출력하세요.

실행결과

```
'안녕!안녕!안녕!안녕!안녕!'
```

3. 변수 language에는 'Python', 변수 version에는 '4.0'를 지정한 후, 이들 변수를 이용하여 'Python 4.0'을 출력하세요.

실행결과

```
'Python 4.0'
```

4. 섭씨온도 32℃를 다음 변환 공식을 이용하여 화씨온도 °F로 출력하세요.

변환 공식: F = (9 / 5) * C + 32

실행결과

```
89.6
```

5. 반지름 r이 5일 때 다음의 공식을 이용하여 원둘레와 원면적을 출력하세요(단, π는 3.14).

원둘레: $2\pi r$
원면적: πr^2

실행결과

```
(31.400000000000002, 78.5)
```

6. 10,000초가 몇 시간(hours), 몇 분(minutes), 몇 초(seconds) 인지를 출력하세요.

실행결과

```
(2, 46, 40)
```

7. 중간시험 점수가 80점, 기말시험 점수가 100점일 때 각 점수를 변수에 지정하고, 평균을 계산하세요. 그리고 평균이 90보다 작고 80보다 크다면 True가 출력되고, 아니면 False가 출력되도록 연산식을 작성하세요.

실행결과

```
False
```

8. 다음 그림과 같이 x 좌표에 3개 구간 A, B, C가 있다. 2는 A 구간, 4는 B 구간, 7과 8은 C 구간에 포함된다.

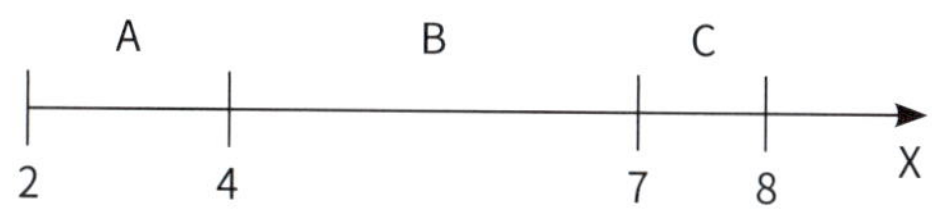

1) p가 A 구간에 포함되는지를 표현하는 연산식을 관계연산자 및 논리연산자 'and'를 사용하여 작성하고, p의 값에 3을 지정하여 실행하세요.

실행결과

```
True
```

2) p가 A 구간 또는 C 구간에 포함되는지를 표현하는 연산식을 관계연산자 및 논리연산자 'or'를 사용하여 작성하고, p의 값에 8을 지정하여 실행하세요.

실행결과

```
True
```

3) p가 B 구간에 포함되는지를 표현하는 연산식을 관계연산자 및 논리연산자 'not'를 사용하여 작성하고, p의 값에 5를 지정하여 실행하세요(p가 B 구간에 포함된다는 것은 p가 A 구간과 C 구간에 모두 포함되지 않는다는 것을 의미함).

실행결과

```
True
```

9. 다음 그림과 같이 x, y 평면에 A, B, C 영역이 있고, 각 영역은 오른쪽과 위쪽 경계선을 포함하고 있다. 그리고 점 m(p, q)은 평면 위에 위치해 있다.

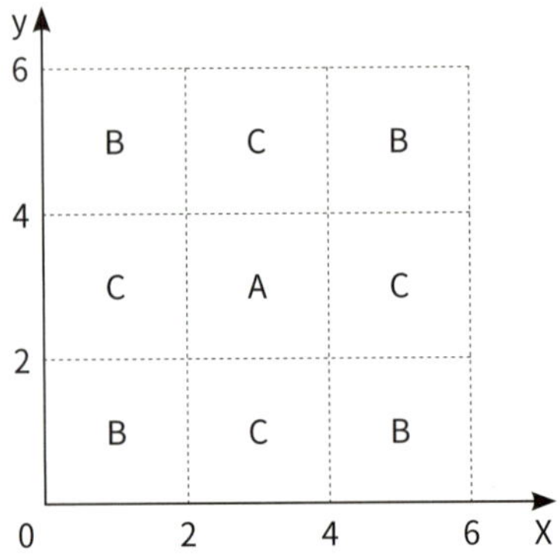

1) 점 m이 A 영역에 위치해 있는지를 확인하는 연산식을 작성하고 실행결과와 같이 p, q의 값을 지정하여 실행하세요.

실행결과 | m(3, 4)일 때 True

```
True
```

2) 점 m이 B 영역에 위치해 있는지를 확인하는 연산식을 작성하고 실행결과와 같이 p, q의 값을 지정하여 실행하세요.

실행결과 | m(1, 1), m(5, 1), m(1, 5), m(5, 5)일 때 True

```
True
```

3) 점 m이 C 영역에 위치해 있는지를 확인하는 연산식을 작성하고 실행결과와 같이 p, q의 값을 지정하여 실행하세요.

실행결과 | m(3, 1), m(1, 3), m(5, 3), m(3, 5)일 때 True

```
True
```

4) 점 m이 B 또는 C 영역에 위치해 있는지를 확인하는 연산식을 작성하고 실행결과와 같이 p, q의 값을 지정하여 실행하세요.

실행결과 | A영역의 m(3, 3)은 False, B영역의 m(1, 5)는 True, C영역의 m(5, 3)은 True

```
True
```

10. 학생이 시험 점수를 90점 이상 받았거나 공부를 열심히 했을 경우 True를 출력하는 프로그램을 작성하고자 한다. 변수 exam_score와 studied_hard만 사용하여 밑줄 친 부분에 연산식을 작성하세요.

소스코드

```
exam_score = 95
studied_hard = True

______________________
```

실행결과

```
True
```

11. 아래 소스코드는 피보나치 수열(Fibonacci sequence)의 5번째 값을 계산하는 프로그램이다. 결과가 5가 출력되도록 변수 first, second, result만을 사용하여 밑줄 친 부분에 연산식을 작성하세요.

> **피보나치 수열의 예: 1 1 2 3 5 8 13 ...**
> **임의의 n번째 피보나치 수는 $F_n = F_{n-1} + F_{n-2}$이다. 이때 $F_1 = 1$와 $F_2 = 1$이다.**

소스코드

```
first = second = 1
result = ______________
first, second = __________
result = ______________
first, second = __________
result = ______________
result
```

실행결과

```
5
```

12. 아래 소스코드는 정수 1부터 5까지의 합을 변수 result에 지정하는 프로그램이다. 결과 15가 출력되도록 변수 result만을 사용하여 밑줄 친 부분에 연산식을 작성하세요.

소스코드

```
result = 0
__________________
__________________
__________________
__________________
__________________
result
```

실행결과

```
15
```

13. 다음 그림에서 d의 위치 값을 계산하고자 한다. b 위치는 a와 e 위치의 중앙값, c 위치는 b와 e 위치의 중앙값, d 위치는 c와 e 위치의 중앙값이다. 변수 a와 e만을 사용하여 d의 위치 값을 계산하여 9.0이 출력되도록 밑줄 친 부분에 연산식을 작성하세요.

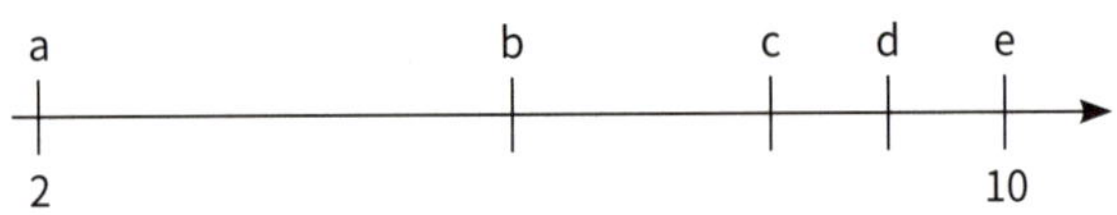

소스코드

```
a = 2
e = 10
a = __________________
a = __________________
a = __________________
a
```

실행결과

```
9.0
```

Chapter 2

입력과 출력

이번 장에서는 다음과 같은 내용을 학습합니다.

입력과 출력, 형변환

이스케이프와 포맷변환

주석

입력과 출력, 형변환

프로그램에서는 입력함수와 출력함수를 이용하여 키보드로부터 값을 입력받거나 원하는 값을 화면에 출력할 수 있다.

함수	설명
print( )	괄호 안의 내용을 화면에 출력하고 줄바꿈을 한다. 괄호 안에는 변수, 상수, 연산식 등을 사용하여 출력할 내용을 작성할 수 있다.
input( )	사용자로부터 키보드를 통해 값을 입력받는다. 사용자가 값을 입력하고 엔터(enter)키를 누르면 엔터 키 전까지 입력된 내용을 문자열로 반환한다.

print( ) 함수에서 줄바꿈을 하지 않으려면 괄호 안에 end=' '를 사용한다. 또한 변수, 상수, 연산식 등 여러 개의 값을 출력하려면 값들을 쉼표(,)로 구분하여 작성한다. 쉼표를 이용하여 출력하면 각 출력 값들 사이에 빈 공간이 1칸씩 추가되어 출력된다. 여러 줄의 문자열을 하나의 값으로 출력하려면 작은따옴표나 큰따옴표를 3개씩 사용하여 멀티라인 문자열(multi-line strings)로 작성한다.

실행할 내용	예시	실행결과
출력 후 줄바꿈하지 않기	print('원주율은', end=' ') print(3.14, end=' ') print('입니다.', end='\n')	원주율은 3.14 입니다.
여러 개의 값을 출력하기	print('원주율은', 3.14, '입니다.')	원주율은 3.14 입니다.
여러 줄의 문자열을 하나의 값으로 출력하기	print('''원의 면적은 원주율과 반지름의 제곱을 곱하여 계산합니다. 원주율은 3.14입니다.''')	원의 면적은 원주율과 반지름의 제곱을 곱하여 계산합니다. 원주율은 3.14입니다.

input( )함수는 'name = input( )'과 같이 입력 값을 변수에 지정하여 사용한다. 또한 'name = input(' what is your name? ')'과 같이 괄호 안에 문자열을 작성하면 문자열이 화면에 출력된 후 사용자로부터 입력 값을 받는다.

실행할 내용	예시	실행결과
변수에 입력 값 지정하기	name = input( )	박하늘
메시지 출력 후 변수에 입력 값 지정하기	name = input('what is your name?')	what is your name? 박하늘

프로그램에서 상수 값이나 변수 값의 자료형을 변환해야 하는 경우 형변환 함수를 사용한다.

종류	설명	예시
int( )	괄호 안의 값을 정수형으로 변환하여 반환	int('456'), int(34.5)
float( )	괄호 안의 값을 실수형으로 변환하여 반환	float('15.712'), float(15)
str( )	괄호 안의 값을 문자열형으로 변환하여 반환	str(123), str(18.3)

int('Hello'), float('십점오'), int('4.5')를 실행하면 오류(error)가 발생한다.

형변환 함수 int( )나 float( )를 이용하면 input( ) 함수에서 입력받은 문자열 값을 정수나 실수로 바꾸어 연산을 수행할 수 있다. 또한, 형변환 함수 str( )과 +연산자를 이용하면 숫자나 문자 등 여러 개의 값을 하나의 문자열로 만들어 print( ) 함수로 출력할 수 있다.

실행할 내용	예시	실행결과
입력 값을 형변환하여 연산하기	radius = int(input('반지름을 입력하세요: ')) print(3.14 * (radius ** 2))	반지름을 입력하세요: 10 314.0
하나의 문자열로 출력하기	print('원주율은 ' + str(3.14) + '입니다.')	원주율은 3.14입니다.

이스케이프와 포맷변환

print( ) 함수에서는 특수기호를 출력하거나 간격 등을 조정하기 위해 이스케이프 문자(escape character)를 함께 사용할 수 있다.

이스케이프 문자	설명	예시
\\	역슬래시(backslash)	print('\\기호는 줄바꿈 기호이다.')
\'	작은따옴표(single quote)	print('Today\'s menu is a pizza.')
\"	큰따옴표(double quote)	print("명언: \"너 자신을 알라\"")
\n	줄바꿈(linefeed)	print('소속: 공과대학\n이름: 김리온')
\t	탭(horizontal tab)	print('봄\t여름\t가을\t겨울')

백슬래시(\)는 한글자판에서는 원화기호(₩)로 표시된다.

또한, 출력되는 값의 자료형에 따라 포맷변환 문자를 사용할 수 있다.

포맷변환 문자	설명	예시
%d	10진(decimal) 정수형 값으로 변환	print('%d' %20)
%o	8진(octal) 정수형 값으로 변환	print('%o' %20)
%x	16진(hexa) 정수형 값으로 변환	print('%x' %20)
%f	실수(float)형 값으로 변환	print('%f' %20)
%e	지수형(exponential) 값으로 변환	print('%e' %20)
%c	문자(character)형 값으로 변환	print('%c' %'A')
%s	문자열(string)형 값으로 변환	print('%s' %'APPLE')

print( ) 함수에서 문자열 앞에 f를 적어주면 f-string이 되며, 중괄호{ }를 이용하여 변수에 지정된 값을 출력할 수 있다.

실행할 내용	예시	실행결과
f-string 출력하기	phi = 3.14 print(f'원주율은 {phi}입니다.')	원주율은 3.14입니다.

주석

주석(comment)은 소스코드에서 프로그램에 대한 설명을 작성할 때 사용한다. #(pound)기호를 적고 내용을 작성하며 # 기호 이후 부분은 실행되지 않는다. 주석에서는 프로그램의 작성자, 작성일, 날짜, 프로그램의 목적과 사용법 등 작성자가 필요하다고 생각되는 내용들을 작성할 수 있다.

아래 예시에서 반지름으로 5가 입력되었을 때 줄 4~7만 실행되어 결과가 출력된다. 나머지 줄은 주석으로 실행되지 않는다.

예시

```
1  # 작성자: 김바다 (20xx.05.21.)
2  
3  # 원면적 계산하기
4  radius = int(input('반지름을 입력해 주세요 '))
5  phi = 3.14                              # 원주율
6  area = phi * (radius ** 2)              # 원면적 계산
7  print(f'원의 면적은 {area}입니다.')      # 원면적 f-string 출력하기
8  
9  # 원둘레 계산하기
10 # circum = 2 * phi * radius             # 원둘레 계산
11 # print(f'원의 둘레는 {circum}입니다.') # 원둘레 f-string 출력하기
```

```
반지름을 입력해 주세요 5
원의 면적은 78.5입니다.
```

연습문제

아래 코드의 실행결과를 쓰세요. 오류가 발생하면 오류라고 쓰세요.

```
text = '한글 자판에서는 이 기호가 백슬래시입니다. : ₩₩'
print(text)
```

```
text = '내 성적은 상위 10% 입니다.'
num = 10
print(text)
print('내 성적은 상위 %d%% 입니다.' %num)
```

```
print('Hello')
print( )
print('How are you?')
print( )
print('Hi')
```

```
print('*' * 10)
```

```
num = 5.14 * (1.78 ** 2)
print(num)
print('%.1f' %num)
print('%.3f' %num)
print('%.7f' %num)
```

```
name = input('당신의 이름을 말해 주세요. ')
print('\'', name, '\'', '님 만나서 반갑습니다.')
print(f'\' {name} \' 님 만나서 반갑습니다.')
```

```
num1 = int(input('첫 번째 정수 입력: '))
num2 = int(input('두 번째 정수 입력: '))
num3 = num1 + num2
print(num1, '+', num2, '=', num3)
print(f'{num1} + {num2} = {num1 + num2}')
```

```
inch = float(input('실수값을 인치 단위로 입력: '))
cm = inch * 2.54
print(inch, '는', cm, '입니다')
```

```
numA = input('실수 A값을 입력하세요')
numB = input('실수 B값을 입력하세요')
print(numA+'+'+numB+'='+str(int(float(numA)+float(numB))))
print(numA+'-'+numB+'='+str(int(float(numA)-float(numB))))
print(numA+'*'+numB+'='+str(int(float(numA)*float(numB))))
print(numA+'/'+numB+'='+str(int(float(numA)/float(numB))))
```

```
name = '강우진'
age = 23
weight = 75.9
height = 1.8
print('%s님의 나이는 %d입니다.' %(name, age))
print('몸무게는 %f kg이고, 키는 %.1f m입니다.' %(weight, height))
print(f'몸무게는 {weight}kg이고, 키는 {height}m입니다.')
```

```
num = int(input('정수 1개를 입력해주세요 '))
print(num, '은 8진수로 %o 입니다.' %num)
print(num, '은 10진수로 %d 입니다.' %num)
print(num, '은 16진수로 %x 입니다.' %num)
```

```
sci = int(input('과학점수를 입력해주세요 '))
eng = int(input('영어점수를 입력해주세요 '))
mat = int(input('수학점수를 입력해주세요 '))
print('과목명\t과학\t영어\t수학')
print('점수\t', sci, '\t', eng, '\t', mat)
```

```
print('이름?')
name = input( )
print('학과?')
dept = input( )
print('name님은 dept 학과의 학생입니다.')
print(f'{name}님은 {dept}학과의 학생입니다.')
```

```
color = input('좋아하는 색은 무엇입니까? ')
fruit = input('좋아하는 과일은 무엇입니까? ')
animal = input('좋아하는 동물은 무엇입니까? ')
print( )
print('---당신이 좋아하는 것들---')
print('색:', color)
print('과일:', fruit)
print('동물:', animal)
```

```
num1 = input('첫번째 정수 입력: ')
num2 = input('두번째 정수 입력: ')
num3 = num1 + num2
print('두 수의 합은', num3, '입니다.')
```

```
num3 = num1 + num2
num1 = int(input('숫자 입력: '))
num2 = int(input('숫자 입력: '))
print('두 수의 합은', num3, '입니다.')
```

```
print("JuHyun's Sketchbook")
print('JuHyun\'s Sketchbook')
print('10 20 30')
print('10\t20\t30')
print('\n')
print('"Python" is fun')
```

```
print('''
안녕하세요?
공학도를 위한 창의적 컴퓨팅 수업입니다.
   ^   ^
  (='o'=)
-(,,)--(,,)-
''')
```

```
print('챗봇: 안녕하세요? 고객님의 성함은 무엇입니까?')
name = input('고객님: ')
print(f'챗봇: {name}님 반갑습니다. 목적지는 어디인가요?')
where = input('고객님: ')
print(f'챗봇: {name}님은 {where}를 누구와 가시는가요?')
who = input('고객님: ')
print(f'챗봇: {name}님은 {where}로 {who}와 얼마동안 가시는가요?')
howlong = input('고객님: ')
print(f'챗봇: {name}님께서 {where}로 {who}와 {howlong}동안', end=' ')
print('가시는 일정을 소개해 드리겠습니다.')
```

실습문제

1. 프로그램 언어를 학습하기 전에 사전 인터뷰를 하고자 합니다. 다음과 같이 실행되도록 프로그램을 작성하세요.

실행결과

```
이름이 무엇인가요? 박한솔
전공 분야는 무엇인가요? 생명공학
프로그램 언어를 배운 적이 있나요(예/아니오)? 예
프로그램 언어를 배운 적이 있다면 몇 년 정도 인가요(0/1/2)? 1
프로그램 언어(C/C++, Java, Python) 중 들어본 것은 무엇인가요? Python
이번 학기 예상되는 학점의 평점은 어떻게 되나요? 3.5
```

2. 체중과 신장을 실수로 입력받아, 신체질량지수 BMI(Body Mass Index)를 계산하여 출력하는 프로그램을 작성하세요.

$$\text{BMI} = \text{몸무게(kg)} \ / \ \text{키(m)}^2$$

실행결과

```
체중을 입력하세요(kg): 60.5
신장을 입력하세요(m): 1.78
당신의 BMI는 19.09481126120439입니다.
```

3. 밑변과 높이를 입력받아 삼각형의 면적을 구하여 출력하는 프로그램을 작성하세요.

삼각형 면적 = (밑변 * 높이) / 2

실행결과

```
밑변: 10
높이: 20
삼각형 면적: 100.0
```

4. 이름과 필기 점수, 실기 점수를 입력받아 총점과 평균을 구하여 출력하는 프로그램을 작성하세요. 단, 평균은 소수점 첫 번째 자리까지 출력하고, 값과 값 사이의 공백은 탭으로 조정한다.

실행결과

```
이름 입력: 한사랑
필기점수 입력: 90
실기점수 입력: 85
----------------------------------------
이름      필기   실기   총점   평균
한사랑    90     85     175    87.5
----------------------------------------
```

5. 점수를 입력받아 10점마다 '*'를 출력하는 프로그램을 작성하세요.

실행결과

```
점수를 입력하세요.
86
---- 막대그래프 ----
86점 ********
```

6. 4자리 정수를 입력받아 각 자리수를 출력하는 프로그램을 작성하세요.

실행결과

```
정수를 입력하세요. 4510
천의 자리수: 4
백의 자리수: 5
십의 자리수: 1
일의 자리수: 0
```

7. 주문자 이름과 상품명, 단가, 수량, 부가세율을 입력받아 주문 금액을 계산하여 출력하는 프로그램을 작성하세요.

주문금액 = 단가 * 수량
부가세 = 주문금액 * 부가세율
총주문금액 = 주문금액 + 부가세

실행결과

```
주문자 이름: 김라온
상품명: A4용지
단가: 20000
수량: 4
부가세율: 0.1

------주문 계산서------
주문자 이름: 김라온
주문 금액: 80000원
부가세율(0.1): 8000원
주문 총 금액: 88000원
```

8. 다음과 같이 전자회사 HU전자의 고객설문조사 프로그램을 작성하려고 한다. 아래 실행결과를 참고하여 설문조사 프로그램을 작성하세요.

실행결과

```
안녕하세요? 반갑습니다.
고객이 최고다! 고객만족! "HU전자" 마켓 리서치 센터입니다.
스마트폰 사용과 구매에 대한 설문조사를 시작하겠습니다.

Q1. 고객님의 나이대는 어떻게 되십니까?
20
Q2. 고객님의 성별은 무엇입니까?
여
Q3. 고객님의 주거지는 어디입니까?
서울

-- 보유하신 스마트폰에 대한 질문입니다.
Q4. 제조사는 어디입니까? HU전자
Q5. 구입년도는 언제입니까? 2020

-- 신규 제품 구매에 대한 질문입니다.
Q6. 화면크기를 골라주세요(4.7/5.4/6.2): 4.7
Q7. 제품의 색상은 어떤 것을 희망하시나요? 흰색

고객님은 서울에 거주하는 20대 여성입니다.
보유 제품은 2020년에 구입한 HU전자 제품입니다.
희망 제품은 흰색 색상에 4.7인치입니다.

**설문조사에 참여해 주셔서 감사합니다.**
```

9. 사용자로부터 한자리 정수 5개를 입력받아 5자리 정수 한 개를 만들고, 이 정수를 이용하여 처음 3자리 정수를 출력하는 프로그램을 작성하세요.

실행결과

```
첫 번째 정수를 입력하세요. 7
두 번째 정수를 입력하세요. 8
세 번째 정수를 입력하세요. 9
네 번째 정수를 입력하세요. 1
다섯 번째 정수를 입력하세요. 2
결과는 78912이고 앞의 3자리는 789입니다.
```

10. 사용자로부터 정수 2개를 입력받아 다음과 같이 출력하는 프로그램을 작성하세요.

실행결과

```
첫 번째 정수를 입력해주세요. 10
두 번째 정수를 입력해주세요. 5
첫 번째 정수가 더 큽니까?
True
```

Chapter 3

반복자료형

이번 장에서는 다음과 같은 내용을 학습합니다.

리스트

문자열

튜플

세트

딕셔너리

다차원 자료형

반복자료형 관련 함수

리스트

반복자료형(iterable type)은 자료를 구성하는 각 요소(element)를 개별적인 값으로 처리할 수 있는 자료형을 말하여 리스트, 문자열, 튜플, 세트, 딕셔너리 등이 있다. 리스트(list)는 2개 이상의 값을 하나의 변수에 지정하기 위해 사용하는 자료형으로 대괄호 [ ] 안에 1개 이상의 값을 쉼표로 구분하여 지정한다. 이때 각각의 값들을 아이템(item)이라고 하고 아래와 같은 특징을 가진다.

- 순서가 있음(order): 아이템들은 순서가 있으며, 인덱스를 사용하여 접근할 수 있다. 인덱스는 0부터 시작한다.
- 변경 가능함(mutable): 생성된 후에도 아이템을 변경, 추가, 삭제할 수 있다.
- 다양한 자료형 포함: 정수, 실수, 문자열, 리스트 등의 자료형을 포함할 수 있다.

인덱스	**0 1 2**
리스트	**listA = ['한솔', 20, 4.5]**

구분	설명	예시
생성	대괄호 [ ]만을 사용하여 공백리스트를 생성하거나 [ ] 안에 아이템 값들을 지정하여 리스트를 생성할 수 있다. 또한 list( ) 함수를 사용해서 문자열, 튜플, 세트, 딕셔너리 등을 리스트로 생성할 수 있다. 딕셔너리를 리스트로 생성하면 딕셔너리의 키만 리스트에 지정된다.	listA = [ ] listA = ['p', 'i', 'n', 'k'] listA = list( ) listA = list('pink') listA = list((1, 2, 3)) listA = list({'a':1, 'b':2}) listA = list(range(0, 10, 1))
접근	리스트의 이름을 사용하여 리스트의 전체 아이템에 접근한다.	listA
	인덱스를 사용하여 리스트의 특정 아이템 하나를 접근한다.	listA[3] listA[-2]

구분	설명	예시
접근	리스트에서 2개 이상의 아이템을 접근할 때는 슬라이싱(slicing)을 사용한다. 대괄호 안에 접근하려는 인덱스 범위를 [start:stop:step]로 지정하면 start부터 stop(불포함)까지의 아이템을 step씩 증감시키면서 접근할 수 있다.	listA[1:3] listA[1:3:1] listA[:3] listA[1:] listA[:] listA[-3:-1] listA[::-1]
추가	append( ) 함수를 사용하여 리스트의 끝에 아이템을 추가한다.	listA.append(5)
삭제	del 명령어를 사용하여 인덱스가 n인 아이템을 삭제한다. 아이템이 삭제되면 리스트의 길이가 줄어들고, 아이템의 인덱스가 재조정된다.	del listA[4]
변경	인덱스가 n인 아이템의 값을 변경할 경우 지정 연산자 =를 사용한다.	listA[3] = 15

range( ) 함수: 지정된 범위 내의 정수형 수열을 반환하는 함수이다. range(start=0, stop, step=1)와 같이 정의되며, start는 시작 값으로 기본값은 0이다. stop은 종료 값으로 반환된 수열에 포함되지 않는다. step은 증감 값으로 기본값은 1이다.

문자열

문자열(string)은 리스트처럼 인덱스를 사용하여 각 문자를 접근할 수 있는 자료형이다. 그러나, 문자열을 구성하는 일부 문자만은 변경할 수 없고, 새로 생성된 문자열을 지정하는 방식으로 변경해야 한다.

인덱스	**0 1 2 3 4 5**
문자열	**strS = '우리는 친구'**

다음은 문자열에서 사용할 수 있는 함수들이다.

함수	설명	예시
isalpha( )	문자열이 모두 알파벳이라면 True를 반환하고 그 이외에는 False를 반환한다.	str1 = 'Python' rst = str1.isalpha( )
isdigit( )	문자열이 모두 숫자라면 True를 반환하고 그 이외에는 False를 반환한다.	str1 = '2030' rst = str1.isdigit( )
isalnum( )	문자열이 알파벳이나 숫자, 혹은 혼합되어 있으면 True를 반환하고 그 이외에는 False를 반환한다.	str1 = 'Python2030' rst = str1.isalnum( )
isupper( )	문자열이 모두 대문자이면 True를 반환하고 아니면 False를 반환한다.	str1 = 'PYTHON2030' rst = str1.isupper( )
islower( )	문자열이 모두 소문자이면 True를 반환하고 아니면 False를 반환한다.	str1 = 'python2030' rst = str1.islower( )
upper( )	문자열을 모두 대문자로 변환하여 반환한다.	str1 = 'Python is fun' str1 = str1.upper( )
lower( )	문자열을 모두 소문자로 변환하여 반환한다.	str1 = 'Python is fun' str1 = str1.lower( )
replace( )	문자열의 일부를 다른 문자열로 변환하여 반환한다.	str1 = 'Python2 is fun' str1 = str1.replace('2', '3')

함수	설명	예시
capitalize( )	문자열의 첫 문자만 대문자로 변환하고 나머지는 소문자로 변환하여 반환한다.	str1 = 'PYTHON is fun' str1 = str1.capitalize( )
strip( )	문자열의 앞과 뒤의 공백을 제거하여 반환한다.	str1 = 'Python is fun' str1 = str1.strip( )
find( )	문자열에서 지정된 문자의 인덱스 값을 반환한다. 지정된 문자가 문자열에 없다면 -1을 반환한다.	str1 = 'Python3 is fun' idx = str1.find('3')
split( )	분리자(separator)를 기준으로 문자열을 나누어 리스트의 아이템으로 저장하여 반환한다. 분리자가 없으면 공백으로 분리한다.	str1 = 'Python is fun' listS = str1.split( )
ord( )	주어진 문자의 유니코드(unicode) 값을 반환한다.	chrcode = ord('a')
chr( )	주어진 코드 값에 해당하는 문자를 반환한다.	codechr = chr(97)

튜플

튜플(tuple)은 아이템들을 삽입, 삭제, 변경할 수 없는 자료형이다. 튜플은 괄호 ( ) 안에 아이템을 넣어 생성할 수 있고 tuple( ) 함수를 사용하여 리스트 등으로부터 생성할 수 있다.

인덱스	**0 1 2**
튜플	**tupleA = ('red', 'green', 'blue')**

구분	설명	예시
생성	괄호 ( ) 안에 아이템들을 지정하거나 tuple( ) 함수를 사용해서 리스트, 문자열, 세트, 딕셔너리 등을 튜플로 생성할 수 있다. 딕셔너리로 튜플을 생성하면 딕셔너리의 키만 튜플에 지정된다.	tupleA = ('red',) tupleA = tuple(['black', 'white']) tupleA = tuple('pink') tupleA = tuple({10, 20}) tupleA = tuple({1:'one', 2:'two'}) tupleA = tuple(range(10))
접근	튜플의 이름을 사용하여 튜플의 전체 아이템에 접근한다.	tupleA
	인덱스를 사용하여 튜플의 특정 아이템 하나를 접근한다.	tupleA[3] tupleA[-2]
	튜플에서 2개 이상의 아이템을 접근할 때는 슬라이싱(slicing)을 사용한다. 대괄호 안에 접근하려는 인덱스 범위를 [start:stop:step]로 지정하면 start부터 stop(불포함)까지의 아이템을 step씩 증감시키면서 접근할 수 있다.	tupleA[1:3] tupleA[1:3:1] tupleA[:3] tupleA[1:] tupleA[:] tupleA[-3:-1] tupleA[::-1]

세트

세트(set)는 아이템을 중복 없이 저장하기 위해 사용되는 자료형이다. 세트는 중괄호 { } 안에 아이템을 넣어 생성하거나 set( )함수를 사용하여 튜플이나 리스트 등으로부터 생성할 수도 있다. 세트는 중복된 아이템이 없고 순서가 없기 때문에 인덱스를 사용하여 아이템을 접근할 수 없다.

인덱스	없음
세트	setA = {10, 20, 10, 30, 10, 40, 60, 80}

구분	설명	예시
생성	중괄호 { } 안에 아이템들을 지정하거나 set( ) 함수를 사용해서 리스트, 문자열, 튜플, 딕셔너리 등을 세트로 생성할 수 있다. 딕셔너리로 세트를 생성하면 딕셔너리의 키만 세트에 지정된다.	setA = set( ) setA = set([10, 20, 30]) setA = set('pink') setA = set({1:'one', 2:'two'}) setA = set(range(10))
추가	add( )함수는 세트에 하나의 아이템을 추가할 때 사용한다. 또한 update( ) 함수는 여러 개의 아이템을 세트에 추가할 때 사용한다.	setA.add(40) setA.update({5,10})
삭제	remove( )함수를 사용하여 세트에서 특정 아이템을 삭제한다. 아이템이 삭제되면 세트의 길이는 줄어든다.	setA.remove(40)
연산	세트에 대한 연산으로 합집합(|), 교집합(&), 차집합(-), 대칭차집합(^), 부분집합(<=), 상위집합(>=) 등이 있다.	setC = setA | setB setC = setA & setB setC = setA – setB setC = setA ^ setB rst = setA <= setB rst = setA >= setB

딕셔너리

딕셔너리(dictionary)는 키를 사용하여 아이템을 빠르게 접근하기 위해 사용되는 자료형이다. 딕셔너리는 중괄호 { } 안에 키(key)와 값(value)의 쌍을 아이템으로 지정하며, 키를 이용하여 아이템을 검색, 삭제, 변경 등을 할 수 있다. 키가 리스트에서의 인덱스와 같은 역할을 하며 중복될 수 없다.

키	**'서울' '경기' '강원' '부산' '광주'**
딕셔너리	**dic = {'서울':'02', '경기':'031', '강원':'033', '부산':'052', '광주':'062'}**

구분	설명	예시
생성	중괄호 { } 안에 키와 값의 쌍을 지정하여 생성한다. 또는 dict( ) 함수를 사용해서 공백 딕셔너리를 생성하거나 키와 값이 함께 저장된 리스트, 세트, 튜플 등을 딕셔너리로 생성할 수 있다.	dicA = { } dicA = dict( ) dicA = {'대전':'042'} dicA = dict([('대전','042'),('인천','032')]) dicA = dict(대전='042', 인천='032')
접근	딕셔너리의 이름을 사용하여 딕셔너리의 전체 아이템에 접근한다.	dicA
	아이템의 키를 사용하여 딕셔너리의 특정 아이템의 값에 접근한다. get( )함수를 사용할 수도 있다.	value = dicA['경기'] value = dicA.get('강원')
	keys( )함수는 딕셔너리의 모든 키를, values( )함수는 모든 값을 접근할 때 사용한다. items( )함수는 딕셔너리의 모든 아이템을 접근할 때 사용한다.	keys = dicA.keys( ) values = dicA.values( ) items = dicA.items( )
추가	딕셔너리에 하나의 아이템을 추가할 때는 대괄호 [ ]와 지정 연산자를 사용하여 키와 값을 추가한다. 또한 update( ) 함수는 딕셔너리에 여러 개의 아이템들을 추가한다.	dicA['충남'] = '041' dicA.update({'대구':'053', '제주':'064'})
삭제	del 명령어를 사용하여 특정 키를 갖는 아이템을 삭제한다. 아이템이 삭제되면 딕셔너리의 길이가 줄어든다.	del dicA['강원']
변경	특정 키를 갖는 아이템의 값을 변경할 경우 지정 연산자를 사용한다.	dicA['부산'] = '051'

다차원 자료형

리스트, 튜플, 세트, 딕셔너리와 같은 자료형을 중첩해서 2차원, 3차원 등의 다차원 자료형을 구성할 수 있다. 리스트 자료형을 이용하여 다차원 자료형에 대해 알아보자.

1차원 구조	2차원 구조	3차원 구조
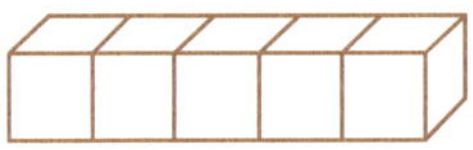	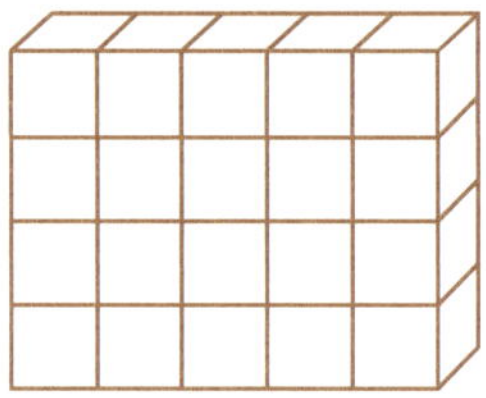	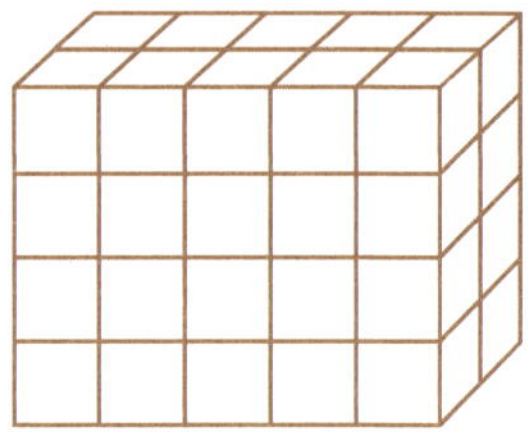
1 행 x n 열	m 행 x n 열	k 면 x m 행 x n 열

n차원 리스트의 아이템은 n개의 대괄호를 사용하여 표현된 인덱스로 접근되며, 하나의 리스트에 서로 다른 차원으로 표현되는 자료형이 지정될 수 있다. 아래 리스트 scorelist에서와 같이 정수형의 학번(1001)과 문자열형의 이름('한여름')은 1차원 인덱스로 표현하여 접근한다. 반면에, 리스트형의 중간시험 점수와 기말시험 점수([90, 100])는 두 개의 아이템을 갖는다. 한 번에 모두 접근하려면 scorelist[2]와 같이 1차원 인덱스로 표현하고, 이 중에서 기말시험 점수에 접근하려면 scorelist[2][1]과 같이 2차원 인덱스로 표현한다.

다음은 2차원 리스트의 생성과 사용 예이다.

```
인덱스                   0        1          2
리스트      scorelist = [ 1001, '한여름', [90, 100] ]
```

예시

```
scorelist = [1001, '한여름', [90, 100]]
print(scorelist[1], scorelist[2][1])
scorelist.append(20)
scorelist[2][1] = 80
sumS = scorelist[2][0] + scorelist[2][1]
scorelist[2].append(sumS)
del scorelist[2][2]
col = '컴퓨터대학'
dept = '프로그램학과'
scorelist.append([col, dept])
print(scorelist)
print(scorelist[2].index(90))
```

반복자료형 관련 함수

함수	설명	예시	리스트	문자열	튜플	세트	딕셔너리
extend( )	마지막 위치에 지정된 값을 차례대로 추가한다.	listA.extend('python') listA.extend([2, 5, 7, 9]) listA.extend(range(10))	○	×	×	×	×
insert( )	해당 인덱스 위치에 값을 삽입한다.	listA.insert(2, 10)	○	×	×	×	×
sort( )	아이템을 오름차순으로 정렬한다.	listA.sort( )	○	×	×	×	×
reverse( )	아이템을 역순으로 재배열한다.	listA.reverse( )	○	×	×	×	×
remove( )	해당 값을 갖는 아이템을 삭제한다(값이 중복된 경우 인덱스가 작은 값 삭제).	listA.remove(5) setA.remove(5)	○	×	×	○	×
clear( )	아이템을 모두 제거한다.	listA.clear( ) setA.clear( ) dicA.clear( )	○	×	×	○	○
pop( )	리스트와 딕셔너리에서는 인덱스 혹은 키에 해당하는 값을 반환하고, 세트에서는 임의의 값을 반환한다. 반환된 값은 삭제된다.	p = listA.pop(3) p = setA.pop( ) p = dicA.pop('a')	○	×	×	○	○
len( )	길이를 반환한다.	n = len([2, 5, 7, 9]) n = len('python') n = len((1, 2, 3)) n = len({10, 20, 30}) n = len({'a':1, 'b':2})	○	○	○	○	○
index( )	지정된 값의 인덱스를 반환한다.	idx = listA.index(7) idx = strA.index('a') idx = tupleA.index(1)	○	○	○	×	×

함수	설명	예시	리스트	문자열	튜플	세트	딕셔너리
count( )	지정된 값의 개수를 반환한다.	cnt = listA.count(10) cnt = strA.count('a') cnt = tupleA.count(1)	○	○	○	×	×
sum( )	아이템들의 합계를 반환한다. 딕셔너리에서는 키가 정수 혹은 실수이면 키들의 합계를 반환한다.	sumv = sum([10, 20, 30]) sumv = sum((10, 20, 30)) sumv = sum({10, 20, 30}) sumv = sum({1:'a', 2:'b'})	○	×	○	○	○
min( )	아이템들 중에서 최솟값을 반환한다. 딕셔너리에서는 키들 중에서 최솟값을 반환한다.	minv = min([10, 20, 30]) minv = min('python') minv = min((10, 20, 30)) minv = min({10, 20, 30}) minv = min({1:'a', 2:'b'})	○	○	○	○	○
max( )	아이템들 중에서 최댓값을 반환한다. 딕셔너리에서는 키들 중에서 최댓값을 반환한다.	maxv = max([10, 20, 30]) maxv = max('python') maxv = max((10, 20, 30)) maxv = max({10, 20, 30}) maxv = max({1:'a', 2:'b'})	○	○	○	○	○
join( )	아이템들이 문자열인 경우에 구분자(생략가능)로 하나의 문자열로 연결하여 반환한다. 딕셔너리에서는 키들을 하나의 문자열로 연결한다.	s = '*'.join(['a', 'b', 'c']) s = '*'.join('abc') s = '*'.join(('a', 'b', 'c')) s = '*'.join({'a', 'b', 'c'}) s = '*'.join({'a':1, 'b':2})	○	○	○	○	○
in / not in	in 연산자는 찾고자 하는 값이 리스트 등에 있으면 True를 반환하고, 없으면 False를 반환한다. not in은 in과 반대의 결과를 반환한다. 또한, 딕셔너리에서는 키가 딕셔너리에 있는지/없는지의 여부를 True 혹은 False로 반환한다.	rst = 5 in [2, 5, 7, 9] rst = 5 not in [2, 5, 7, 9] rst = 'th' in 'python' rst = 5 in (2, 5, 7, 9) rst = 5 in {2, 5, 7, 9} rst = a in {'a':5, 'b':9}	○	○	○	○	○

연습문제

아래 코드의 실행결과를 쓰세요. 오류가 발생하면 오류라고 쓰세요.

```
sodaList = ['콜라', '사이다', '우유', '커피', '쥬스']
sodaList[sodaList.index('사이다')] = '물'
del sodaList[2]
print(sodaList)
```

```
nameList = ['김철수', '나민국', '박영희', '이승리', '정의감']
nameList.sort( )
nameList.reverse( )
print(nameList)
```

```
total = [1, 2, 3, 4, 5, 6]
AddList = total[:3] + [7] + total[3:]
print(AddList)
```

```
numList = [10, 7, 20]
sumA = 0
sumA = sumA + numList[0]
sumA = sumA + numList[1]
sumA = sumA + numList[2]
print('sum:', sumA)
```

```
listA = [10, 20, 30]
listB = listA
listA[1] = 200
print(listA, listB)
```

```
listA = [ ]
print(listA)
listA.append(5)
print(listA)
```

```python
animals = ['dog', 'cat', 'turtle', 'elephant']
print('pig' in animals)
print('cat' not in animals)
print(animals[1:3])
print(animals[1:4:2])
print(animals[:2])
print(animals[2:])
print(animals[::-1])
```

```python
msg = '우리는 친구'
print(len(msg))
msg.replace('친구', '연인')
print(msg)
wlist = msg.split( )
print(wlist)
```

```python
colors1 = ('red', 'green', 'blue')
colors2 = tuple(['black', 'white'])
colors = colors1 + colors2
print('색상값:', colors[1:])
print('white' in colors1)
colors[1] = 'yellow'
print(colors)
```

```
my_set = {1, 2, 3, 4, 5, 5, 5}
my_set.add(6)
my_set.remove(3)
print('집합:', my_set, '집합길이:', len(my_set))
print('2가 있는가?', 2 in my_set)
```

```
d = dict( )
d[0] = 'zero'
d[1] = 'one'
d[2] = 'two'
print(d)
```

```
colorList = ['red', 'black', 'blue', 'white', 'yellow']
animals = ['dog', 'cat', 'turtle', 'elephant]
sodaList = ['콜라', '사이다', '우유', '커피', '쥬스']
total = [colorList, animals, sodaList]
print(total)
```

```
my_dict = dict( )
my_dict.update({
    'apple': '사과',
    'banana': '바나나',
    'cherry': '체리'})
print('아이템 추가 후 딕셔너리:', my_dict)
```

```
packed_tuple = 1, 2, 3
print('패킹된 튜플:', packed_tuple)
print(packed_tuple[:1])
```

```
packed_tuple = (1, 2, 3)
x, y, z = packed_tuple
print('언패킹:', x, y, z)
```

```
set1 = {1, 2, 3, 4}
set2 = {3, 4, 5, 6}
intersection = set1.intersection(set2)    # 교집합(&)
print('교집합:', intersection)
union = set1.union(set2)                  # 합집합(|)
print('합집합:', union)
difference = set1.difference(set2)        # 차집합(-)
print('차집합:', difference)
symdif = set1.symmetric_difference(set2) # 대칭차집합(^)
print('대칭차집합:', symdif)
print(set1.issuperset(set2))              # 상위집합(>=)
print(set1.issubset(set2))                # 부분집합(<=)
```

실습문제

1. 다음 안내에 따라 리스트를 생성하고 작업을 수행하세요.

본인이 좋아하는 노래, 색, 음식을 각각 FavSongs, FavColors, FavFoods라는 이름의 리스트에 5개 이상의 아이템으로 지정하세요.

- **FavSongs의 인덱스가 3인 아이템을 삭제하고 출력하세요.**
- **FavColors의 마지막에 'black'를 추가하고 출력하세요.**
- **FavFoods에서 인덱스가 2부터 4까지에 해당하는 아이템을 출력하세요.**

실행결과

```
['홀씨', 'To. X', '나의 별이 돼주오', '봄 to 러브']
['red', 'pink', 'white', 'blue', 'Ivory', 'black']
['김치전', '순두부찌개', '갈비찜']
```

2. 서로 다른 양의 정수 5개를 입력받아 리스트에 추가한 후 최댓값과 최솟값 그리고 해당 인덱스를 출력하는 프로그램을 작성하세요.

실행결과

```
정수 입력: 11
정수 입력: 68
정수 입력: 15
정수 입력: 3
정수 입력: 9
생성된 리스트: [11, 68, 15, 3, 9]
최댓값은 68, 최댓값의 위치는 1
최솟값은 3, 최솟값의 위치는 3
```

3. 10부터 19까지의 숫자를 range( ) 함수로 생성해서 리스트에 지정한 후, 인덱스가 0, 2, 4, 6, 8번째의 값만 더하여 출력하는 프로그램을 작성하세요.

실행결과

```
생성된 리스트: [10, 11, 12, 13, 14, 15, 16, 17, 18, 19]
짝수번째 인덱스의 값만 더한 합계: 70
```

4. 피보나치 수열은 첫 번째와 두 번째 값이 1이며, 그 뒤의 모든 값은 바로 앞의 두 값을 합한 수열이다. 처음 두 개의 값을 리스트 fibo = [1, 1]로 지정하고, 리스트에 세 번째 값부터 일곱 번째 값까지 추가하는 프로그램을 작성하세요.

실행결과

```
피보나치 수열: [1, 1, 2, 3, 5, 8, 13]
```

5. 다음과 같은 리스트가 있을 때, 각 아이템에서 점수를 추출하여 학생별로 총점을 구하는 프로그램을 작성하세요.

studlist = ['박은별;90;80', '한빛나;80;70', '김라영;60;70']

실행결과

```
박은별 학생의 총점은 170입니다.
한빛나 학생의 총점은 150입니다.
김라영 학생의 총점은 130입니다.
```

6. 리스트 ch에는 문자들이 뒤섞여있다. 리스트 pos에는 문자의 배열순서가 지정되어 있다. 이들을 이용해서 리스트 strS에 완성하고자 하는 문자들을 차례대로 위치시키고, join( ) 함수를 이용하여 완성된 문자열을 출력하는 프로그램을 작성하세요.

```
ch = ['구', '친', '리', '우', ' ', '는']
pos = [5, 4, 1, 0, 3, 2]
strS = [0, 0, 0, 0, 0, 0]
```

실행결과

```
생성된 리스트: ['우', '리', '는', ' ', '친', '구']
생성된 문자열: 우리는 친구
```

7. 다음은 아이디(ID)를 만드는 규칙이다. 입력받은 아이디가 규칙에 맞는지를 True 또는 False로 출력하는 프로그램을 작성하세요.

- **영문자와 숫자만 사용할 수 있다.**
- **첫 글자는 영문자이어야 한다.**
- **1개 이상의 숫자를 포함해야 한다.**
- **전체 길이가 10자 이상 16자 이하가 되어야 한다.**

실행결과 | 모든 조건을 만족하는 경우

```
아이디 입력: program2024
True
```

실행결과 | 영문자로만 구성된 경우

```
아이디 입력: programisfun
False
```

실행결과 | 특수문자가 포함된 경우

```
아이디 입력: program*2024
False
```

실행결과 | 숫자로만 구성된 경우

```
아이디 입력: 1234567891011
False
```

실행결과 | 길이가 10미만인 경우

```
아이디 입력: program20
False
```

8. 다음과 같이 나라명과 해당 수도명이 각각 state와 capitals에 동일한 인덱스 위치에 지정되어 있다. 이를 이용해서 사용자로부터 나라명을 입력받아, 해당 수도명을 출력하는 프로그램을 작성하세요.

```
state = ['프랑스', '대한민국', '영국', '미국', '중국', '독일', '이탈리아', '일본', '스페인', '스위스']
capitals = ['파리', '서울', '런던', '워싱턴', '베이징', '베를린', '로마', '도쿄', '마드리드', '베른']
```

실행결과

```
나라명을 입력: 영국
영국의 수도는 런던입니다.
```

9. 크기가 1 × 3인 두 행렬의 합을 구하고자 한다. 행렬 A와 행렬 B의 각 원소값을 사용자로부터 입력받아 리스트에 지정한 후, 합을 구하여 출력하는 프로그램을 작성하세요.

> $A = [\, a_0 \ a_1 \ a_2 \,]$ $B = [\, b_0 \ b_1 \ b_2 \,]$ **일 때,**
> $A + B = [\, a_0 + b_0 \quad a_1 + b_1 \quad a_2 + b_2 \,]$

실행결과

```
A행렬의 1번째 값: 10
A행렬의 2번째 값: 20
A행렬의 3번째 값: 30
B행렬의 1번째 값: 40
B행렬의 2번째 값: 50
B행렬의 3번째 값: 60
행렬 A: [10, 20, 30]
행렬 B: [40, 50, 60]
두 행렬의 합행렬 C: [50, 70, 90]
```

10. 학생 A와 학생 B가 수강한 과목이 각각 courseA와 courseB에 다음과 같이 세트에 지정되어 있다. 실행결과와 같이 출력되도록 프로그램을 작성하세요.

> **courseA = {'프로그래밍', '화학', '수학', '인공지능', '글쓰기'}**
> **courseB = {'법학입문', '프로그래밍', '물리', '화학', '수학'}**

실행결과

```
A학생만 수강한 과목: {'인공지능', '글쓰기'}
B학생만 수강한 과목: {'법학입문', '물리'}
두 학생 모두 수강한 과목: {'프로그래밍', '수학', '화학'}
```

11. 각 나라와 그 나라의 수도를 쌍으로 구성한 아이템을 10개 이상 딕셔너리 capitals에 지정한 후, 입력받은 나라의 수도를 출력하는 프로그램을 작성하세요.

실행결과

```
나라명을 입력: 프랑스
프랑스의 수도는 파리입니다.
```

12. 크기가 2 × 2의 행렬 A와 행렬 B의 합과 곱을 구하는 프로그램을 작성하세요. 행렬 A와 행렬 B의 각 원소값은 사용자로부터 입력받아 리스트에 지정한다.

$$A = \begin{bmatrix} a_{00} & a_{01} \\ a_{10} & a_{11} \end{bmatrix} \quad B = \begin{bmatrix} b_{00} & b_{01} \\ b_{10} & b_{11} \end{bmatrix} \text{ 일 때,}$$

$$A + B = \begin{bmatrix} a_{00} + b_{00} & a_{01} + b_{01} \\ a_{10} + b_{10} & a_{11} + b_{11} \end{bmatrix}$$

$$A \times B = \begin{bmatrix} a_{00} \times b_{00} + a_{01} \times b_{10} & a_{00} \times b_{01} + a_{01} \times b_{11} \\ a_{10} \times b_{00} + a_{11} \times b_{10} & a_{10} \times b_{01} + a_{11} \times b_{11} \end{bmatrix}$$

실행결과

```
a00의 값: 1
a01의 값: 2
a10의 값: 3
a11의 값: 4
행렬 A: [[1, 2], [3, 4]]
b00의 값: 5
b01의 값: 6
b10의 값: 7
b11의 값: 8
행렬 B: [[5, 6], [7, 8]]
행렬의 합: [[6, 8], [10, 12]]
행렬의 곱: [[19, 22], [43, 50]]
```

13. 두 행렬의 값이 다음과 같을 때 방정식 2X = 3A - B를 만족하는 행렬 X를 구하는 프로그램을 작성하세요.

$$A = \begin{bmatrix} 4 & 5 \\ 1 & -2 \end{bmatrix} \qquad B = \begin{bmatrix} 0 & -1 \\ -3 & 2 \end{bmatrix}$$

실행결과

```
행렬 X: [[6.0, 8.0], [3.0, -4.0]]
```

14. 다음 3×3 행렬을 2차원 리스트에 지정하고, 행과 열, 그리고 대각선의 합을 구하여 각각 리스트 rowsum, colsum, diasum에 지정하여 출력하는 프로그램을 작성하세요.

4	9	2
3	5	7
8	1	6

실행결과

```
행렬: [[4, 9, 2], [3, 5, 7], [8, 1, 6]]
각 행의 합: [15, 15, 15]
각 열의 합: [15, 15, 15]
각 대각선의 합: [15, 15]
```

15. 다음 두 집합 A와 B의 곱집합을 구하여 출력하는 프로그램을 작성하세요.

A = {1, 2, 3}
B = {4, 5}

A × B = {(a, b)| a∈A, b∈B}

실행결과

```
A * B = {(2, 4), (3, 4), (1, 5), (1, 4), (2, 5), (3, 5)}
```

Chapter 4

조건문

이번 장에서는 다음과 같은 내용을 학습합니다.

if문

중첩 if문

if문

조건문은 주어진 조건에 따라 프로그램 내 코드들의 실행 순서를 제어할 때 사용한다. 조건문의 형식에는 if문, if-else문, if-elif-else문이 있다. 조건으로는 값, 변수, 연산식 등이 가능하며 연산식은 비교연산자와 논리연산자를 결합하여 사용한다.

if문은 조건식의 결과가 True이면 실행블록을 실행하고, False이면 실행블록을 실행하지 않는다. 이때 if문의 실행블록은 들여쓰기(indentation)가 되어야 한다. 여기서 실행블록은 제어문(조건문, 반복문) 등에서 들여쓰기가 된 문장들이다.

형식	예시

if 조건식 :
  실행블록
	if num1 > num2:
	  print('num1은 num2보다 크다')

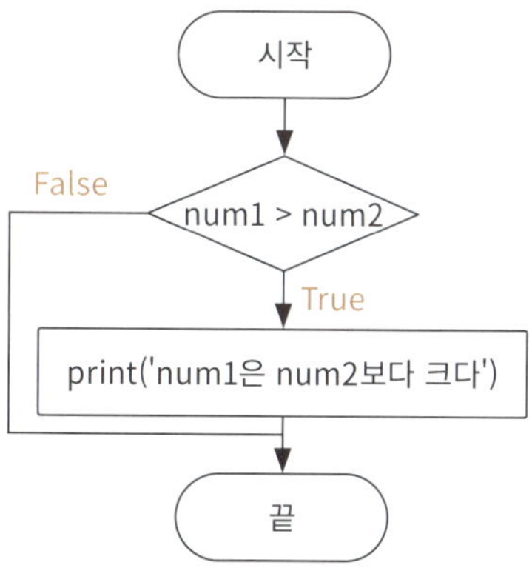

if-else문은 조건식의 결과가 True이면 실행블록1을 실행하고, False이면 실행블록2를 실행한다. 그리고 else에는 조건식을 쓸 수 없다.

형식	예시

if 조건식:
　실행블록1
else:
　실행블록2
	if num1 > num2:
	　print('num1은 num2보다 크다')
	else:
	　print('num1은 num2보다 크지 않다')

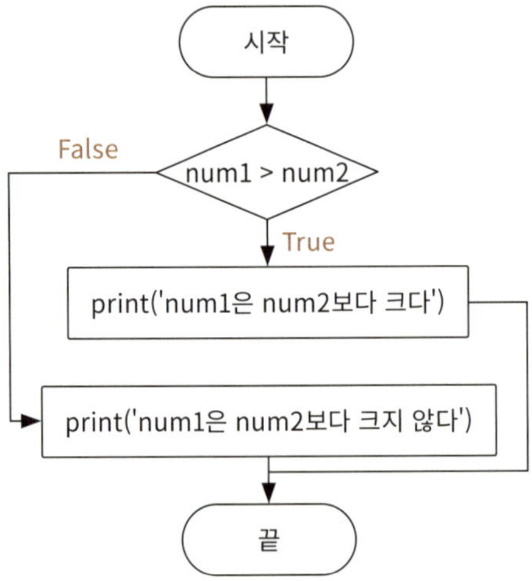

if-elif-else문은 2개 이상의 조건들 중에서 각 조건을 순차적으로 판별하여 서로 다른 기능을 수행하고자 할 때 사용한다. 아래 형식에서는 조건식1의 결과가 True이면 실행블록1을 실행한다. 조건식1의 결과가 False이고 조건식2의 결과가 True이면 실행블록2를 실행한다. 조건식1과 조건식2의 결과가 모두 False이면 실행블록3을 실행한다. 조건식을 추가하려면 elif문을 사용하고, else는 생략할 수 있다.

<table>
<tr><th>형식</th><th>예시</th></tr>
<tr><td><pre>if 조건식1:
    실행블록1
elif 조건식2:
    실행블록2
else:
    실행블록3</pre></td><td><pre>if num1 > num2:
    print('num1은 num2보다 크다')
elif num1 < num2:
    print('num1은 num2보다 작다')
else:
    print('num1과 num2는 같다')</pre></td></tr>
<tr><td colspan="2">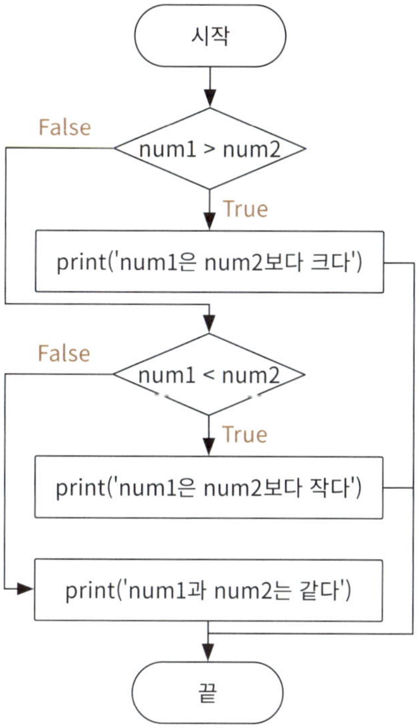
</td></tr>
</table>

중첩 if문

중첩 if문은 조건문(if문, if-else문, if-elif-else문)의 실행블록에 또 다른 조건문이 포함되는 형태이다. 아래 형식에서 조건식1의 결과가 True일 때, 조건식2의 결과가 True이면 실행블록1을 실행하고 False이면 실행블록2를 실행한다. 조건식1의 결과가 False이면 조건식2를 판별하지 않는다. 이때 조건식1이 있는 조건문을 외부 if문(outer if)이라고 하고, 조건식2가 있는 조건문을 내부 if문(inner if)이라고 한다.

형식	예시

<pre>if 조건식1:   # outer if
  if 조건식2:   # inner if-else
    실행블록1
  else:
    실행블록2</pre>
	<pre>if num1 > num2:
	  if num3 > num1:
	    print('num3 > num1 > num2')
	  else:
	    print('num1 > num2 and num3 <= num1')</pre>

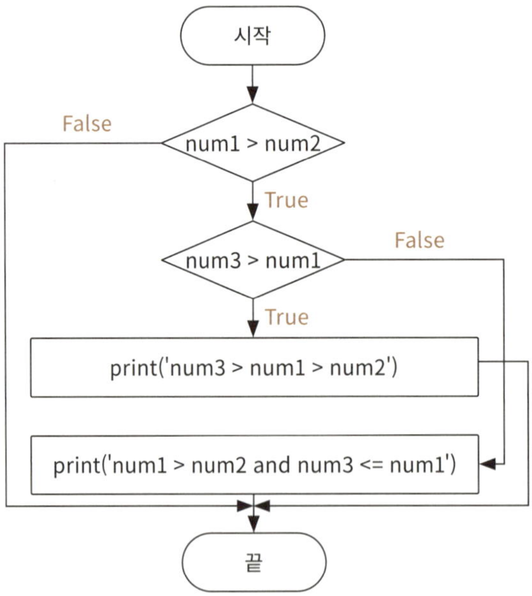

아래 코드의 실행결과를 쓰세요. 오류가 발생하면 오류라고 쓰세요.

```
if True:
  print('이 문장은 항상 출력됩니다.')
if False:
  print('이 문장은 절대 출력되지 않습니다.')
if 3:
  print('이 문장은 항상 출력됩니다.')
num = 0
if num:
  print('이 문장은 절대 출력되지 않습니다.')
```

```
var1, var2 = 1, 2
if var1 > var2:
  print(var1 + var2)
```

```
number = 3
if number % 2 == 0:
  print(str(number) + '는 짝수입니다.')
else:
  print(f'{number}는 홀수입니다.')
```

```python
which = 2
if which == 1:
  print('which is 1')
elif which == 2:
  print('which is 2')
elif which == 3:
  print('which is 3')
```

```python
weather = '맑음'
if weather == '흐림':

else:
    print('영화관람~')
```

```python
number = 10
if number == 10:
    result = 3
print(result)
```

```python
number = 10
if number % 2 == 0:
    result1 = number // 2
else:
    result2 = number * 2
print(result1, result2)
```

```python
datain = 10
if datain > 3:
    if datain < 5:
        output = '3 < datain < 5'
    if datain < 20:
        output = '3 < datain < 20'
print(output)
```

```python
datain = 10
if datain > 3 and datain < 5:
    output = '3 < datain < 5'
if datain > 3 and datain < 20:
    output = '3 < datain < 20'
print(output)
```

실습문제

1. 임의 두 정수를 입력받아 큰 수와 작은 수를 구별하고 출력하는 프로그램을 작성하세요.

실행결과

```
첫 번째 정수를 입력하세요: 75
두 번째 정수를 입력하세요: 35
큰 수: 75, 작은 수: 35
```

실행결과

```
첫 번째 정수를 입력하세요: 50
두 번째 정수를 입력하세요: 64
큰 수: 64, 작은 수: 50
```

실행결과

```
첫 번째 정수를 입력하세요: 15
두 번째 정수를 입력하세요: 15
두 수는 같습니다.
```

2. 정수 6의 약수들을 계산하여 구한다. 그리고 이들 약수를 리스트 divisor에 지정하고 출력하는 프로그램을 작성하세요.

실행결과

```
6의 약수들: [1, 2, 3, 6]
```

3. 달(month)을 정수로 입력받아 계절을 출력하는 프로그램을 작성하세요.

- **달이 1보다 작거나 12보다 크면 '잘못 입력했습니다.'라고 출력한다.**
- **3월~5월은 '봄', 6월~8월은 '여름', 9월~11월은 '가을', 12월~2월은 '겨울'이라고 출력한다.**

실행결과

```
달을 입력하세요: 13
13월은 잘못 입력했습니다.
```

실행결과

```
달을 입력하세요: 6
6월은 여름입니다.
```

4. 아이디와 비밀번호를 입력받아, 로그인 성공 여부를 출력하는 프로그램을 작성하고자 한다. 중첩 if문을 사용하여 작성하세요.

- **아이디가 'python'이고, 비밀번호가 'fun'이면 '로그인 성공'이라고 출력한다.**
- **아이디가 틀린 경우 '아이디 오류입니다.'라고 출력하고, 비밀번호는 판별하지 않는다.**
- **비밀번호가 틀린 경우 '비밀번호 오류입니다.'라고 출력한다.**

실행결과

```
아이디를 입력해주세요: python
비밀번호를 입력해주세요: fun
로그인 성공입니다.
```

실행결과

```
아이디를 입력해주세요: python
비밀번호를 입력해주세요: 1234
비밀번호 오류입니다.
```

실행결과

```
아이디를 입력해주세요: java
비밀번호를 입력해주세요: fun
아이디 오류입니다.
```

5. 2차 방정식 $ax^2 + bx + c = 0$의 근을 출력하는 프로그램을 작성하세요. a, b, c 값은 입력받아야 한다. 판별식 $D = b^2 - 4ac$일 때 $D > 0$이면 2개의 실근을 출력하고, $D = 0$이면 중근을 출력하고, $D < 0$이면 '허근'이라고 출력한다.

실행결과

```
a값을 입력하세요: 2
b값을 입력하세요: 4
c값을 입력하세요: 1
실근: -0.2928932188134524 -1.7071067811865475
```

실행결과

```
a값을 입력하세요: 1
b값을 입력하세요: 2
c값을 입력하세요: 1
중근: -1.0
```

실행결과

```
a값을 입력하세요: 4
b값을 입력하세요: 2
c값을 입력하세요: 1
허근
```

6. 다음 항목을 조합하여 MBTI 유형을 검사하는 프로그램을 작성하세요.

항목1.	**외향형: E**	**내향형: I**
항목2.	**직관형: N**	**감각형: S**
항목3.	**사고형: T**	**감정형: F**
항목4.	**인식형: P**	**판단형: J**

실행결과

```
다른 사람들과 어울리는 것을 좋아하나요? (Yes:E / No:I): Yes
세부적인 사실보다 전체 그림을 더 중요하게 생각하나요? (Yes:N / No:S): No
감정보다 논리를 더 중요하게 생각하나요? (Yes:T / No:F): Yes
계획을 세우기보다 즉흥적으로 처리하는 것을 좋아하나요? (Yes:P / No:J): Yes

당신은 ESTP 유형입니다.
```

7. 2차원 평면에서 삼각형의 꼭짓점(P1, P2, P3)와 점 P4의 좌표를 이용하여, 점 P4가 삼각형 내부에 있는지 여부를 판별하는 프로그램을 작성하세요. 이를 위해 제시하는 삼각형의 면적을 이용한다. P1, P2, P3, P4에 대한 꼭짓점 좌표는 모두 입력받고, 변수명이 node인 튜플에 지정한다.

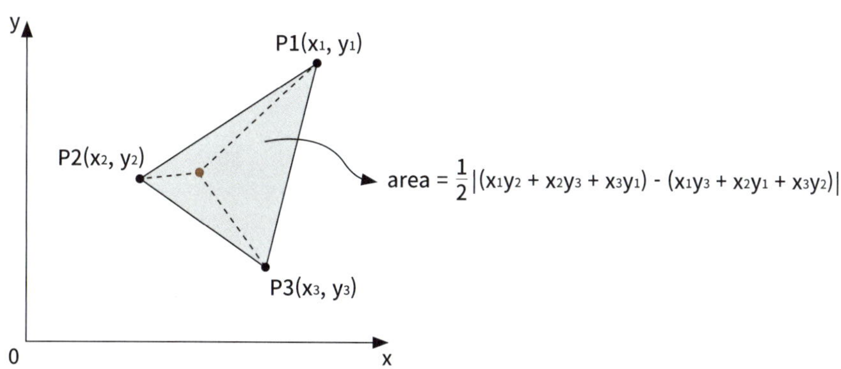

실행결과

```
x1: 1
y1: 2
x2: 6
y2: 2
x3: 4
y3: 7
x4: 4
y4: 4
내부
```

실행결과

```
x1: 1
y1: 2
x2: 6
y2: 2
x3: 4
y3: 7
x4: 6
y4: 4
외부
```

8. 1에서 100사이의 난수 3개를 리스트에 지정한 후, 리스트 내의 아이템 값들을 비교하여 최댓값과 최솟값을 구하고 출력하는 프로그램을 작성하세요. 다음 1부터 100사이의 정수형 난수를 생성하고 출력하는 프로그램을 참고하며, min( ), max( ), sort( )함수는 사용할 수 없다.

```
import random
rndNum = random.randint(1, 100)
print(rndNum)
```

실행결과

```
생성된 난수: [50, 64, 56]
최댓값: 64
최솟값: 50
```

실행결과

```
생성된 난수: [10, 20, 20]
최댓값: 20
최솟값: 10
```

실행결과

```
생성된 난수: [70, 70, 70]
최댓값: 70
최솟값: 70
```

9. 년도(year)를 정수로 입력받아 윤년 혹은 평년을 판단하여 출력하는 프로그램을 작성하세요.

윤년은 다음 두 가지 조건 중 하나를 만족하는 년도이다.

- **4로 나누어 떨어지고 100으로는 나누어 떨어지지 않는 년도**
- **400으로 나누어 떨어지는 년도**

실행결과

```
년도를 입력하세요: 2021
평년입니다.
```

실행결과

```
년도를 입력하세요: 2024
윤년입니다.
```

10. 다음은 성적별 학점을 나타내는 표이다. 국어, 영어, 수학 점수를 입력하였을 때, 평균에 대한 학점을 출력하는 프로그램을 작성하세요.

평균점수	학점
100이하 ~ 95이상	A+
95미만 ~ 90이상	A0
90미만 ~ 85이상	B+
85미만 ~ 80이상	B0
80미만 ~ 75이상	C+
75미만 ~ 70이상	C0
70미만 ~ 65이상	D+
65미만 ~ 60이상	D0
60미만	F

실행결과

```
국어점수: 80
영어점수: 70
수학점수: 100
평균점수: 83.3점
당신의 학점: B0
```

11. 다음 구성을 보고 나이를 입력하였을 경우 해당되는 나이의 그룹1과 그룹2의 항목이 출력되도록 프로그램을 작성하세요.

구분	그룹1	세부구분	그룹2
18 미만	미성년자	13세 미만	유년
		13세 이상	청소년
18 이상 65 미만	성인	40세 미만	청년
		40세 이상	중년
65세 이상	노인	65세 이상	노년

실행결과

```
나이를 입력: 10
미성년자 - 유년
```

실행결과

```
나이를 입력: 45
성인 - 중년
```

실행결과

```
나이를 입력: 70
노인 - 노년
```

12. 다음은 국내 비영업용 자동차의 잔존가치율을 나타내는 표이다. 차량구분, 신차출시년도, 차량구입년도, 신차차량가격을 입력하였을 경우 차량기준가액(신차가격*잔존가치율)을 출력하는 프로그램을 작성하세요. 잔존가치율 데이터는 2차 리스트로 정의하여 사용한다. 차량기준가액은 출시 5년 이내 차량만 가능하다.

구분		1년미만	1년	2년	3년	4년	5년
승용	국산	0.826	0.725	0.614	0.518	0.437	0.368
	외산	0.842	0.729	0.605	0.500	0.412	0.340
승합		0.810	0.726	0.609	0.510	0.426	0.357
화물		0.761	0.671	0.597	0.510	0.426	0.357

실행결과

```
차량 구분(승용국산, 승용외산, 승합, 화물): 승용국산
신차 출시 년도를 입력하세요: 2020
차량 구입 년도를 입력하세요: 2024
신차 차량 가격을 입력하세요 (만원 단위): 8000
차량 기준 가액은 3496 만원입니다.
```

실행결과

```
차량 구분(승용국산, 승용외산, 승합, 화물): 승용외산
신차 출시 년도를 입력하세요: 2019
차량 구입 년도를 입력하세요: 2026
신차 차량 가격을 입력하세요 (만원 단위): 2000
출시 5년 이내의 차량이 아닙니다.
```

13. 다음 그림과 같이 정사각형 영역(100 × 100) 안에서 3개의 점(P1, P2, P3)을 임의로 생성하고, 그 점들이 주어진 4개의 사분면 내에 몇 개가 포함되는지 계산하는 프로그램을 작성하세요. 단, 사각형 영역은 입력받은 (x1, y1) 좌표에 의해 4개의 사분면으로 나눠지며, 각 점이 어느 사분면에 속하는지 판단한다.

1) P1, P2, P3의 x, y 좌표를 임의로 생성하고 2차 리스트에 지정하여 출력하세요.
2) x1, y1을 입력받아 ❶, ❷, ❸, ❹ 영역을 결정하고, P1, P2, P3 점들이 각 영역에 몇 개가 포함되는지 출력하는 프로그램을 작성하세요(이때 영역 ❶과 ❹는 내부 경계선을 포함하고 있고, 임의로 생성된 점들의 좌표는 x1, y1과 같을 수 없음).

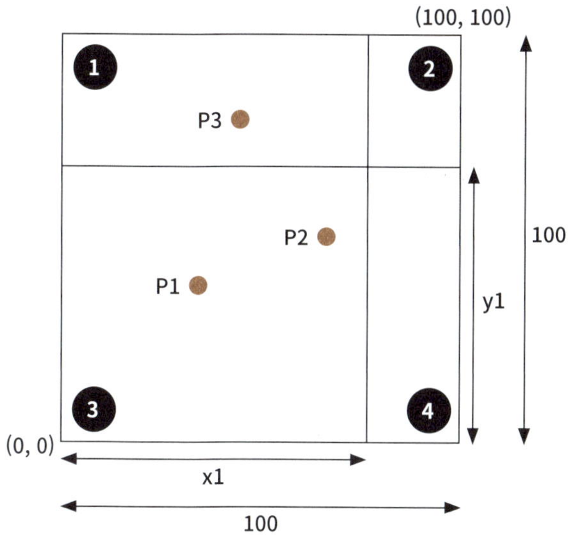

실행결과

```
x1좌표를 입력하세요: 50
y1좌표를 입력하세요: 50
P1, P2, P3: [[32, 30], [12, 40],
[67, 48]]
1 영역에 포함된 점의 개수: 0
2 영역에 포함된 점의 개수: 0
3 영역에 포함된 점의 개수: 2
4 영역에 포함된 점의 개수: 1
```

실행결과

```
x1좌표를 입력하세요: 12
y1좌표를 입력하세요: 54
P1, P2, P3: [[40, 72], [23, 55],
[89, 10]]
1 영역에 포함된 점의 개수: 0
2 영역에 포함된 점의 개수: 2
3 영역에 포함된 점의 개수: 0
4 영역에 포함된 점의 개수: 1
```

14. 공연 관람료의 기본요금이 10만원일 때, 다음 〈할인적용기준표〉를 이용하여 할인된 요금을 출력하는 프로그램을 작성하세요.

나이	기본 할인율	회원 할인율	장애인 할인율	비고
12세 미만	50%	미적용	미적용	-
12세 이상 65세 미만	미적용	10%	20%	회원과 장애인 모두에 해당하면 할인율이 큰 것을 적용
65세 이상	30%	10%	미적용	회원이면 30% 할인된 금액에서 10% 추가 할인

실행결과

```
나이를 입력하세요: 22
회원 여부를 입력하세요 (yes/no): yes
장애 여부를 입력하세요 (yes/no): no
당신이 계산할 요금은 90000원입니다.
```

실행결과

```
나이를 입력하세요: 10
회원 여부를 입력하세요 (yes/no): no
장애 여부를 입력하세요 (yes/no): no
당신이 계산할 요금은 50000원입니다.
```

실행결과

```
나이를 입력하세요: 70
회원 여부를 입력하세요 (yes/no): yes
장애 여부를 입력하세요 (yes/no): yes
당신이 계산할 요금은 63000원입니다.
```

실행결과

```
나이를 입력하세요: 22
회원 여부를 입력하세요 (yes/no): yes
장애 여부를 입력하세요 (yes/no): yes
당신이 계산할 요금은 80000원입니다.
```

Chapter 5

반복문

이번 장에서는 다음과 같은 내용을 학습합니다.

while문

for문

무한반복문과 제어

while문

반복문은 실행블록을 여러 번 반복하여 실행하는 제어문이다. 반복문의 종류에는 while문과 for문이 있다. while문은 조건식의 결과 값이 True인 동안 실행블록을 반복하고 False가 되면 반복을 종료한다.

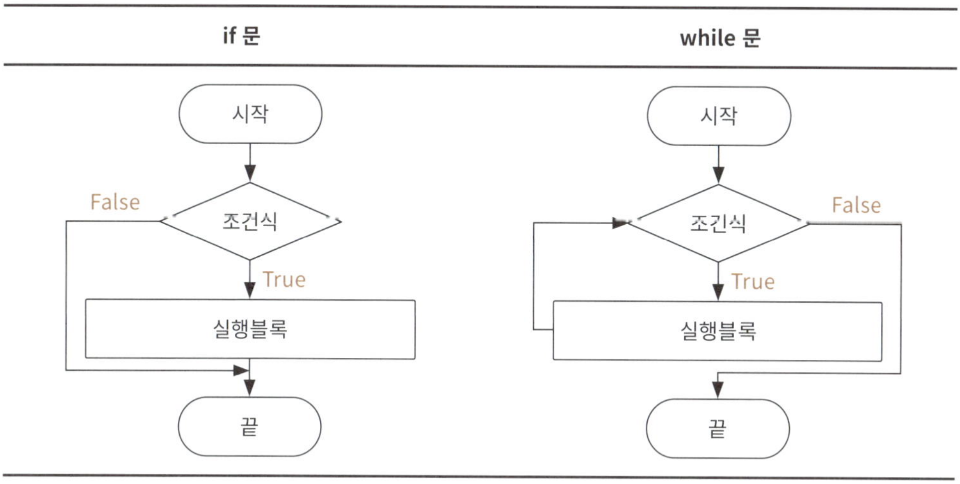

중첩 while문은 실행블록 내에 또 다른 while문이 있어 각각의 조건식을 판별하여 반복 수행하는 형태이다. 이때 각각을 외부 while문과 내부 while문이라고 한다.

형식	설명	예시

while 조건식:
  실행블록
	조건식의 결과 값이 True이면 실행블록을 실행한 뒤 반복을 위해 다시 조건식으로 이동한다.
	조건식의 결과 값이 False이면 반복을 종료한다.
		cnt = 0
		while cnt < 5 :
		  print('프로그래밍은 재미있다.')
		  cnt = cnt + 1

while 조건식1:
  while 조건식2:
    실행블록
	외부 while문이 한번 실행될 때 내부 while문은 조건식2의 결과 값이 True인 동안 내부 while문의 실행블록을 반복 실행한다.
	조건식1의 결과 값이 False이면 반복을 모두 종료한다.
		bag = 1
		while bag < 3 :
		  print(f'{bag}번째 봉지입니다.')
		  apple = 1
		  while apple < 4:
		    print(f'{apple}번째 사과를 넣었습니다.')
		    apple = apple + 1
		  print('봉지가 꽉 찼습니다.')
		  bag = bag + 1

for문

for문은 반복자료(iterable data)에서 값을 하나씩 전달받아 실행블록을 수행하고 더 이상 전달받을 값이 없으면 반복실행을 종료한다. 중첩 for문은 중첩 while문과 마찬가지로 for문의 실행블록 안에 또 다른 for문이 있는 형태이다.

형식	설명	예시

for 변수 in 반복자료:
    실행블록
	반복자료의 요소들이 차례대로 변수에 지정되고 실행블록을 실행한다.	for cnt in range(5):
		    print('프로그래밍은 재미있다.')

for 변수1 in 반복자료1:
    for 변수2 in 반복자료2:
        실행블록
	외부 for문이 한번 실행될 때 내부 for문은 반복자료2의 값의 개수만큼 실행블록을 수행한다. 반복자료1의 값의 개수만큼 실행하면 반복을 모두 종료한다.	for bag in [1, 2]:
		    print(f'{bag}번째 봉지입니다.')
		    for apple in [1, 2, 3]:
		        print(f'{apple}번째 사과를 넣었습니다.')
		    print('봉지가 꽉 찼습니다.')

무한반복문과 제어

무한반복문은 조건식의 결과 값과 무관하게 실행블록을 무한히 반복 수행하는 제어문이다. 무한반복문은 while문의 조건식에 True를 기입하여 사용한다. for문은 무한반복문으로 사용하지 않는다.

형식	설명	예시

while True:
실행블록
	실행블록을 무한히 반복수행한다.	while True:
		  print('무한 재미있네')
		
		while True:
		  print('무한 재미있네')
		  break

반복문을 제어하기 위해서는 break문과 continue문을 사용할 수 있다.

명령문	설명	예시

break	반복문의 실행블록에서 break문이 실행되면 해당 반복문을 빠져나간다.	cnt = 0
		while cnt < 5:
		  cnt = cnt + 1
		  if cnt == 3:
		    break
		  print(cnt)

continue	반복문의 실행블록에서 continue문이 실행되면 continue문 뒤의 문장들을 실행하지 않고 다음 반복을 위해 조건식으로 이동한다.	cnt = 0
		while cnt < 5:
		  cnt = cnt + 1
		  if cnt == 3:
		    continue
		  print(cnt)

아래 코드의 실행결과를 쓰세요. 오류가 발생하면 오류라고 쓰세요.

```
while True:
    print('You are in my heart.')
print('Oh My God!')
```

```
a = 1
s = 0
while a < 10 and s < 10:
    s = s + a
    a = a + 2
print('s=', s, 'a=', a)
```

```
a = 'start’
s = 0
while a != 'end':
    s = s + 10
    if s > 50:
        a = 'end'
print('s=', s)
```

```
colors = ('red', 'green', 'blue')
cnt = 0
while cnt < len(colors):
    print(colors[cnt])
    cnt = cnt + 1
```

```
num1 = 1
while num1 <= 3:
    num2 = 1
    while True:
        print(num1, num2)
        if num1 == num2:
            break
        num2 = num2 + 1
    num1 = num1 + 1
```

```
a = 1
while a <= 2:
    b = 1
    while b <= 3:
        print(a, 'x', b, '=', a * b)
        b = b + 1
    a = a + 1
```

```
print('*' * 1)
print('*' * 2)
print('*' * 3)
print('*' * 4)
print('*' * 5)
print('\n')

cnt = 0
while cnt < 5:
  cnt = cnt + 1
  print('*' * cnt)
print('\n')

for num in range(1, 6):
  print('*' * num)
```

```
n = int(input('정수를 입력하세요: '))
fact = 1
for num in range(1, n+1):
   fact = fact * num
print(f'{n}!은 {fact}이다.')
```

```
listA = [1, 6, 7, 9, 11, 17]
sumA = 0
for num in listA:
    sumA = sumA + num
print('리스트 아이템의 합은', sumA, '이다.')
```

```
numbers = (1, 2, 3, 4, 5)
for idx in range(len(numbers)):
    print(numbers[idx])
```

```
setA = {'JAVA', 'C++', 'PYTHON'}
for s in setA:
    print(s)
```

```
dicA = {'대전':'042', '인천':'032', '서울':'02'}

for key in dicA:
   print(key, dicA[key], end=' ')
print( )

for item in dicA.items( ):
   print(item, end=' ')
```

```
for a in range(1, 3):
   for b in range(1, 4):
      print(a, '*', b, '=', a * b)
```

```
listA = [[10, 5], [20, 35, 40]]
for row in range(len(listA)):
   for col in range(len(listA[row])):
      print(listA[row][col])
```

```
listA = [[10, 5], [20, 35, 40]]
for ritem in listA:
    for citem in ritem:
        print(citem)
```

```
matA = [[1, 3, 5, 7, 9], [0, 2, 4, 6, 8], [3, 6, 9, 2, 4]]

cnt1 = 0
while cnt1 < len(matA):
    cnt2 = 0
    while cnt2 < len(matA[cnt1]):
        print(matA[cnt1][cnt2], end=' ')
        cnt2 = cnt2 + 1
    print( )
    cnt1 = cnt1 + 1

for outer in matA:
    for inner in outer:
        print(inner, end=' ')
    print( )
```

실습문제

1. 1부터 10사이의 난수를 3번 발생시켜, 짝수가 몇 개인지를 구하여 출력하는 프로그램을 작성하세요.

실행결과

```
발생된 난수: 4 9 10
짝수는 2 개입니다.
```

2. 1부터 20사이의 정수를 무작위로 생성하여 중복 없이 리스트에 추가하다가, 10개가 되면 리스트를 출력하는 프로그램을 작성하세요.

실행결과

```
생성된 리스트: [13, 7, 11, 14, 18, 2, 10, 17, 6, 5]
```

3. 다음은 2007년부터 2022년까지 한국 방문 관광객수이다. 가장 많은 관광객 수와 가장 적은 관광객 수를 찾아 출력하는 프로그램을 작성하세요. 단, sort( ), min( ), max( ) 함수는 사용할 수 없다.

년도	2007	2008	2009	2010	2011	2012	2013	2014
관광객 수 (천 명)	6,890	7,817	8,797	9,794	11,140	12,175	14,201	13,231

년도	2015	2016	2017	2018	2019	2020	2021	2022
관광객 수 (천 명)	17,241	13,335	15,346	17,502	2,519	967	3,198	11,031

실행결과

```
최대 관광객 수: 17502
최소 관광객 수: 967
```

4. 다음과 같은 과일 이름이 있을 때, 튜플에 과일 이름들을 지정하세요. 그리고 값을 하나씩 불러와 'a'를 포함하고 있는 과일 이름을 모두 찾아 출력하는 프로그램을 작성하세요.

'apple', 'banana', 'cherry', 'kiwi', 'grape'

실행결과

```
fruits = ('apple', 'banana', 'cherry', 'kiwi', 'grape')
apple
banana
grape
```

5. 다음 가상의 전화번호들을 딕셔너리로 지정한 뒤 이름을 입력하면 해당 전화번호를 출력해 주는 프로그램을 while문을 사용하여 작성하세요. 전화번호부에 없는 이름을 입력하면 '목록에 없습니다.'를 출력하고 '입력끝'을 입력하면 프로그램을 종료한다.

- 김민수: 010-1234-5678
- 한지민: 010-0123-4567
- 이지은: 010-2345-6789
- 박준수: 010-3456-7890
- 최수지: 010-4567-8901
- 정현우: 010-5678-9012
- 윤지호: 010-7890-1234
- 장수은: 010-8901-2345
- 서준영: 010-9012-3456

실행결과

```
이름을 입력하세요: 한지민
010-0123-4567
이름을 입력하세요: 윤지호
010-7890-1234
이름을 입력하세요: 최수현
목록에 없습니다.
이름을 입력하세요: 입력끝
종료합니다.
```

6. 양의 정수를 입력받아, 합계와 평균을 구하여 출력하는 프로그램을 while문을 이용하여 작성하세요. 이때, '입력끝'이 입력되면 합계와 평균을 출력하고 종료한다.

실행결과

```
정수 입력: 50
정수 입력: 64
정수 입력: 14
정수 입력: 60
정수 입력: 10
정수 입력: 입력끝
합계는 198이고, 평균은 39.6입니다.
```

7. 다음과 같이 2차원 행렬의 계산식이 있을 때, 아래 내용에 따라 행렬을 생성하고 계산하는 프로그램을 작성하세요.

$$\begin{bmatrix} 1 & 2 & 3 \\ 4 & 5 & 6 \\ 7 & 8 & 9 \\ 10 & 11 & 12 \end{bmatrix} \begin{bmatrix} 1 \\ 2 \\ 3 \end{bmatrix} = \begin{bmatrix} 1\times1 + 2\times2 + 3\times3 \\ 4\times1 + 5\times2 + 6\times3 \\ 7\times1 + 8\times2 + 9\times3 \\ 10\times1 + 11\times2 + 12\times3 \end{bmatrix}$$

위의 행렬계산을 A • B = C라고 표현했을 때

1) 반복문을 사용하여 행렬 A와 행렬 B를 2차원 리스트로 생성한다.

2) 위 행렬 계산식을 참고하여 행렬 C의 각 값을 계산하여 2차원 리스트로 생성한다.

3) 2차원 리스트 A, B, C를 행렬 형태로 출력한다.

실행결과

```
행렬 A:
1 2 3
4 5 6
7 8 9
10 11 12

행렬 B:
1
2
3

행렬 C:
14
32
50
68
```

8. 항의 개수 n을 정수로 입력받아 피보나치 수 n개를 출력하는 프로그램을 작성하세요.

실행결과

```
항의 개수 입력: 7
피보나치 수: 1 1 2 3 5 8 13
```

9. 요금을 입력받아 각 화폐 단위의 필요 개수를 출력하는 프로그램을 작성하세요. 요금은 정수로 입력되며, 화폐로는 50000원, 10000원, 5000원, 1000원, 500원, 100원, 50원, 10원이 있다. 변수 n의 정수 값을 5개의 자리에 출력하려면 print('%5d'%n)라고 작성한다. 만약 변수 n에 저장된 값의 자릿수가 지정된 자릿수보다 작으면 출력되는 값의 왼쪽에 공백이 채워진다.

실행결과

```
요금을 입력하세요: 6360

50000 원: 0 개
10000 원: 0 개
 5000 원: 1 개
 1000 원: 1 개
  500 원: 0 개
  100 원: 3 개
   50 원: 1 개
   10 원: 1 개
```

10. 1단부터 3단까지 구구단을 출력하는 프로그램을 작성하세요.

실행결과

```
1 * 1 = 1      2 * 1 = 2      3 * 1 = 3
1 * 2 = 2      2 * 2 = 4      3 * 2 = 6
1 * 3 = 3      2 * 3 = 6      3 * 3 = 9
1 * 4 = 4      2 * 4 = 8      3 * 4 = 12
1 * 5 = 5      2 * 5 = 10     3 * 5 = 15
1 * 6 = 6      2 * 6 = 12     3 * 6 = 18
1 * 7 = 7      2 * 7 = 14     3 * 7 = 21
1 * 8 = 8      2 * 8 = 16     3 * 8 = 24
1 * 9 = 9      2 * 9 = 18     3 * 9 = 27
```

11. 정수 1부터 100사이의 난수 N을 생성시켜, 1부터 N 사이의 소수(prime number)를 찾아 출력하는 프로그램을 작성하세요. 단, 소수는 1과 자기 자신으로만 나누어지는 수이다.

실행결과

```
생성된 난수: 50
1부터 50까지의 수 중에서 소수: 2 3 5 7 11 13 17 19 23 29 31 37 41 43 47
총 15개의 소수가 있습니다.
```

12. 다음과 같은 리스트가 주어졌을 때 오름차순으로 정렬하는 프로그램을 작성하세요. 오름차순 정렬을 하기 위해 listA에서 가장 작은 숫자를 찾아 listB에는 추가하고 listA에서는 삭제하는 과정을 listA의 길이가 0이 될 때까지 반복한다.

listA = [73, 42, 22, 46, 91, 58, 17, 99, 100, 83]

실행결과

```
listB = [17, 22, 42, 46, 58, 73, 83, 91, 99, 100]
```

13. 사용자로부터 높이를 입력받은 후 반복문을 이용하여 아래와 같은 모양으로 출력하는 프로그램을 작성하세요. 출력되는 '*'의 개수와 줄의 수는 사용자의 입력 값에 따라 달라져야 한다.

실행결과

```
삼각형의 높이를 입력하세요: 7
      *
     ***
    *****
   *******
  *********
 ***********
*************
```

14. 사용자로부터 높이를 입력받은 후 반복문을 이용하여 아래와 같은 모양을 출력하는 프로그램을 작성하세요. 출력되는 '*'의 개수와 줄의 수는 사용자의 입력 값에 따라 달라져야 한다.

실행결과

```
삼각형의 높이를 입력하세요: 5
    *
   ***
  *****
 *******
*********
 *******
  *****
   ***
    *
```

Chapter 6

함수

이번 장에서는 다음과 같은 내용을 학습합니다.

함수의 정의와 호출

지역변수와 전역변수

매개변수 전달 방식

재귀함수

함수의 정의와 호출

함수(function)는 프로그램을 구성하는 기본 요소로, 특정한 작업을 수행하기 위한 문장들을 모아 놓은 것이다. 함수는 프로그램에서 코드의 재사용과 모듈화를 위해 사용된다.

- 라이브러리함수(libarary function)
  - 내장함수(internal function)
  - 외장함수(external function)
- 사용자정의함수(user defined function)

함수 정의(function definition)를 위해서 def라는 키워드를 사용한다. 정의된 함수의 기능은 기본적으로 값을 입력받아 실행블록을 실행하여 얻어진 결과를 반환하는 것이다. 이때 입력을 매개변수(parameter)라 하고, 결과를 반환 값(return value)이라 한다.

```
def 함수이름(매개변수1, 매개변수2 ..., 매개변수n):
    실행블록
    return 반환값1, 반환값2, ..., 반환값n
```

함수의 실행이 종료되면 호출한 위치로 되돌아간다. 함수가 return문에 의해 종료되는 경우 반환 값이 있으면 return문 뒤에 적는다. 함수는 return문이 없어도 실행블록의 마지막 줄이 실행되면 종료되고 반환 값이 없으면 기본적으로 None을 반환한다.

정의된 함수는 호출(function call)을 통하여 실행된다. 함수를 호출할 때 전달인자(argument)를 사용하여 함수의 입력인 매개변수에 값을 전달할 수 있다. 이때 전달인자와 매개변수의 개수는 같아야 한다.

반환 값이 n개인 경우 변수 n개를 지정하여 받을 수 있다. 만약 1개의 변수를 지정하면 변수는 n개의 반환 값을 갖는 튜플이 되며, 각각의 값은 인덱스를 사용하여 접근할 수 있다.

변수1, 변수2, ..., 변수n = 함수이름(전달인자1, 전달인자2...전달인자n)

아래 예제에서 줄1~5까지는 함수 정의이고, 줄8과 10은 함수 호출이다. 실행은 줄번호 7→8→(1→2→3→4→5)→8→9→10→(1→2→3→4→5)→10→11 순서로 진행된다.

예시

```
1   def add(start, end):                          # start, end는 매개변수
2       s = 0
3       for n in range(start, end+1):
4           s = s + n
5       return s                                  # 변수 s의 값을 반환
6
7   print('함수로 합계 구하기')
8   sumV1 = add(1, 10)                            # 1과 10은 전달인자
9   print('1부터 10까지의 합은', sumV1)
10  sumV2 = add(100, 200)                         # 100과 200은 전달인자
11  print('100부터 200까지의 합은', sumV2)
```

함수는 매개변수와 반환 값의 유무에 따라 4가지 유형으로 분류된다. 함수 정의에서 사용한 p1, p2, ..., pn은 매개변수이며, 함수 호출에서 사용한 a1, a2, ..., an는 전달인자이다. 또한, r1, r2, ..., rn은 함수의 반환 값이고 o1, o2, ..., on는 반환 값을 지정하기 위한 변수이다.

구분	함수정의	함수호출

형식1	def 함수이름( ):
	    실행블록
	    return
		함수이름( )

형식2	def 함수이름(p1, p2, ..., pn):
	    실행블록
	    return
		함수이름(a1, a2, ..., an)

구분	함수정의	함수호출

형식3	def 함수이름( ):
	    실행블록
	    return r1, r2, ..., rn
		o1, o2, ..., on = 함수이름( )

형식4	def 함수이름(p1, p2, ..., pn):
	    실행블록
	    return r1, r2, ..., rn
		o1, o2, ..., on = 함수이름(a1, a2, ..., an)

지역변수와 전역변수

함수를 정의하여 프로그램을 작성한 경우 변수가 정의된 위치에 따라 변수를 지역변수(local variable)와 전역변수(global variable)로 구분한다. 지역변수는 함수 내부에서 정의된 변수를 말하며, 해당 함수 내부에서만 사용 가능하다. 함수가 종료되면 지역변수는 소멸된다. 전역변수는 함수 외부에서 정의된 변수를 말하며, 프로그램 내의 모든 함수에서 사용 가능하다. 전역 변수는 프로그램이 종료될 때 소멸된다. 지역변수와 전역변수의 이름이 같더라도 이들은 서로 다른 변수로 취급된다.

예시

```
1   def func(y):            # y는 매개변수이면서 지역변수
2       x = 100             # x는 지역변수
3       z = x + y           # z는 지역변수
4       print(x, y, z)      # 100 20 120이 출력
5       return              # x, y, z는 소멸
6
7   x = 10                  # x는 전역변수
8   y = 20                  # y는 전역변수
9   func(y)
10  print(x, y)             # 10 20이 출력
11  print(z)                # z는 정의되지 않은 전역변수로 오류가 발생
```

줄 7~8에서의 x, y는 함수 외부에서 정의되었으므로 전역변수이다. 줄 9에서 함수 func( )을 호출하면 줄 1로 이동하면서 변수 y의 값 20이 전달된다. 여기서, 매개변수 y는 함수 내부에서 정의된 지역변수로, 줄 8에서 정의된 전역변수 y와 이름은 같지만 서로 다른 변수이다. 줄 4에서 변수 x, y, z에 각각 지정된 100, 20, 120이 출력된다. 줄 5에 의하여 줄 9로 이동하며 함수에서 정의된 변수 x, y, z는 소멸된다. 따라서 줄 10에서 변수 x와 y의 값을 출력하게 되면 이는 전역변수 x와 y이므로 10과 20이 출력된다. 또한, 줄 11에서 변수 z는 값이 지정되지 않은 전역변수로 출력 시에 오

류가 발생한다.

함수 내부에서 전역변수에 접근하는 방법은 묵시적(implicit) 방법과 명시적(explicit) 방법이 있다. 묵시적 방법은 함수 내부에서 별도의 지정 없이 전역변수에 접근하는 방법이다. 명시적 방법은 함수 내부에서 global 키워드를 지정하여 전역변수에 접근하는 방법이다.

아래의 왼쪽 프로그램에서 함수 func( ) 내부의 변수 x, y, z는 모두 global 키워드를 사용하여 명시적 전역변수로 정의되었다. 따라서 함수 내부에서 값을 변경하면 함수 외부에 있는 변수 x, y, z의 값도 모두 변경된다. 이와 같이 함수 내부의 모든 변수를 전역변수로 지정하면 오른쪽 프로그램과 다르게 매개변수와 반환 값을 지정할 필요가 없다.

```
def func( ):
    global x, y, z

    z = x + y
    print(x, y, z)
    return

x = 10
y = 20
z = 0
func( )
print(x, y, z)
```

```
def func(x, y):
    z = x + y
    print(x, y, z)
    return z

x = 10
y = 20
z = 0
z = func(x, y)
print(x, y, z)
```

매개변수 전달 방식

매개변수는 함수 외부의 전달인자 값을 함수 내부로 전달할 때 사용한다. 매개변수 전달 방식으로 지정에 의한 전달 방식(call by assignment)을 사용한다. 즉, 매개변수에 지정되는 값의 자료형에 따라 서로 다르게 처리된다.

정수형, 문자열형, 실수형, 튜플형 등과 같이 불변 자료형(immutable type)은 함수 내부에서 매개변수의 값이 변경되어도 함수 외부에 있는 전달인자의 값은 변경되지 않는다.

아래 프로그램을 살펴보면 func( ) 호출에 의해 매개변수 b에는 전달인자 a의 값과 같은 1이 지정되므로 a와 b가 지정하고 있는 메모리 주소가 같다. 그러나, 정수형 값 1은 불변 자료형이므로 함수 내부에서 변수 b의 값을 2로 변경하면 변수 b에는 새로운 주소를 갖는 상수 2가 지정된다. 따라서 매개변수 b의 값은 2이고, 주소가 다른 전달인자 a의 값은 그대로 1이 된다.

예시

```
def func(b):
    print('initial address of b:', id(b))
    b = 2
    print('final address of b:', id(b))
    print('value of b:', b)
    return

a = 1
print('initial address of a:', id(a))
func(a)
print('final address of a:', id(a))
print('value of a:', a)
```

실행결과

```
initial address of a: 140727910527784
initial address of b: 140727910527784
final address of b: 140727910527816
value of b: 2
final address of a: 140727910527784
value of a: 1
```

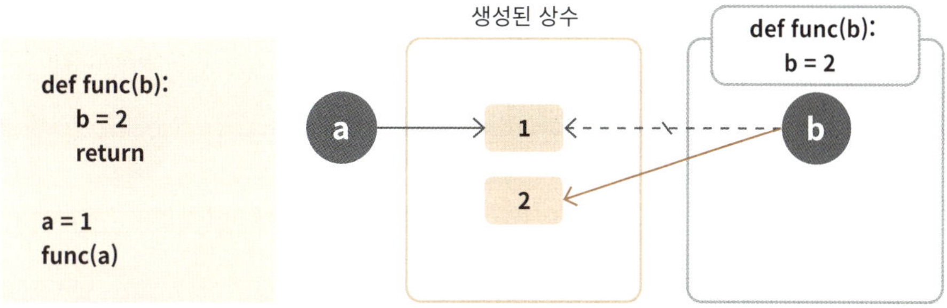

리스트형, 세트형, 딕셔너리형 등과 같은 가변 자료형(mutable type)은 함수 내부에서 매개변수의 값이 변경되면 함수 외부에 있는 전달인자의 값이 같이 변경된다.

아래 프로그램을 살펴보면 func( ) 호출에 의해 매개변수 b에는 전달인자 a의 리스트가 지정되므로 a와 b가 지정하고 있는 메모리 주소는 같다. 또한, 리스트는 가변 자료형이기 때문에 함수 내부에서 리스트의 끝에 30를 추가하면, 30이 추가된 새로운 리스트가 생성되는 것이 아니라 기존의 변수 a와 동일한 주소를 갖는 리스트 b에 30이 추가된다. 따라서, 매개변수의 b의 값이 [10, 20, 30]으로 변경되면, 주소가 같은 전달인자 a의 값도 [10, 20, 30]으로 변경된다.

예시	실행결과

def func(b):
    print('initial address of b:', id(b))
    b.append(30)
    print('final address of b:', id(b))
    print('value of b:', b)
    return
 	
a = [10, 20]
print('initial address of a:', id(a))
func(a)
print('final address of a:', id(a))
print('value of a:', a)
	initial address of a: 2204630003392
	initial address of b: 2204630003392
	final address of b: 2204630003392
	value of b: [10, 20, 30]
	final address of a: 2204630003392
	value of a: [10, 20, 30]

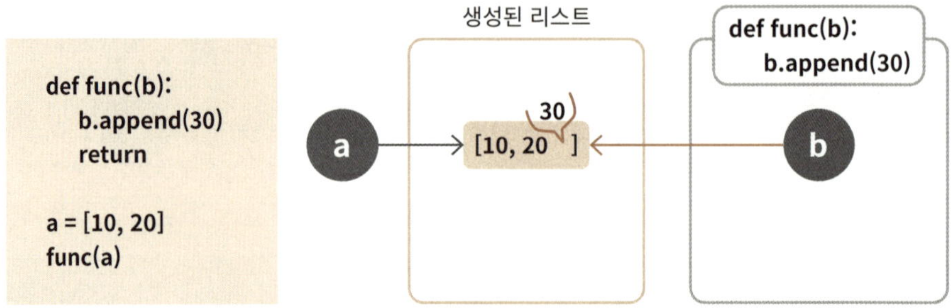

그러나, 아래 프로그램을 살펴보면 func( )함수 호출 시에는 매개변수 b와 전달인자 a가 동일한 주소를 가리킨다. 함수 내부에서 변수 b에 [30, 40, 50]을 지정하게 되면 새로운 주소를 갖는 리스트가 생성되고, 이를 변수 b에 지정하게 된다. 따라서, 매개변수의 b의 값은 [30, 40, 50]으로 변경되고, 주소가 다른 전달인자 a의 값은 그대로 [10, 20]이 된다.

예시	실행결과

`def func(b):`
`    print('initial address of b:', id(b))`
`    b = [30, 40, 50]`
`    print('final address of b:', id(b))`
`    print('value of b:', b)`
`    return`
 	
`a = [10, 20]`
`print('initial address of a:', id(a))`
`func(a)`
`print('final address of a:', id(a))`
`print('value of a:', a)`
	initial address of a: 2205922373248
	initial address of b: 2205922373248
	final address of b: 2205922375104
	value of b: [30, 40, 50]
	final address of a: 2205922373248
	value of a: [10, 20]

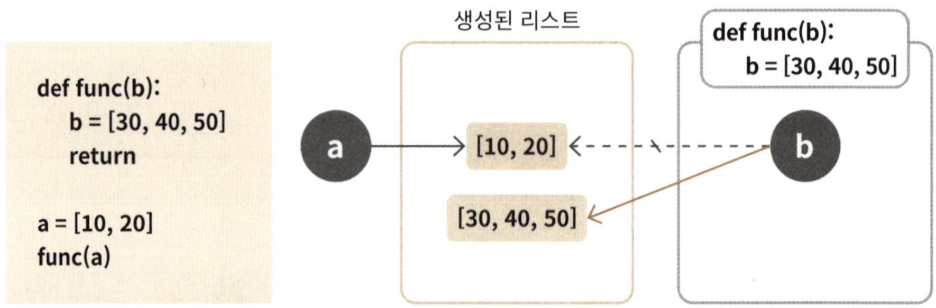

재귀함수

재귀함수(recursive function)는 함수 내부에서 자기 자신을 다시 호출하는 함수를 말한다. 아래 프로그램에서와 같이 countdown( ) 함수 내부에서 countdown( ) 함수를 다시 호출하는 것을 재귀함수라고 한다. 왼쪽 프로그램의 경우 줄 3에서 countdown( )함수를 무한히 호출하기 때문에 프로그램이 종료되지 않는다. 이를 해결하기 위해 오른쪽과 같이 프로그램이 종료될 수 있도록 기저 사례(base case)을 설정해야 한다.

```
1  def countdown(n):
2      print(n, '초')
3      countdown(n-1)
4
5  countdown(10)
```

```
def countdown(n):
    if n < 0:          # 기저 사례
        return
    print(n, '초')
    countdown(n-1)   # 재귀 사례

countdown(10)
```

재귀함수를 사용하면 주어진 문제들의 해결 방법을 간결하게 표현할 수 있다는 장점이 있다. 하지만 재귀호출의 횟수가 증가할수록 메모리 사용량이 증가하는 단점이 있다. 예를 들어 5!를 계산할 때 반복문을 사용할 수 있지만, 5!=5×4! 라는 재귀적 특징을 이용하여 아래와 같이 재귀함수로 작성할 수 있다.

```python
def fact(n):
    if n <= 1:
        return 1
    else:
        return n * fact(n - 1)

print(fact(5))
```

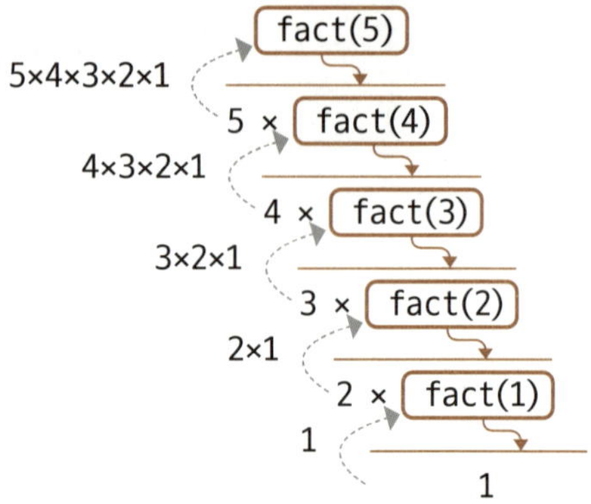

연습문제

아래 코드의 실행결과를 쓰세요. 오류가 발생하면 오류라고 쓰세요.

```
def add(a, b):
    return a + b

def sub(a, b):
    return a - b

c = add(10, 20)
print(c)
```

```
def func(a, b):
    if a >= 90 and b >= 90:
        return '합격'
    else:
        return '불합격'

res = func(80)
print(res)
```

```
def printmsg(msg):
    print(msg)

printmsg('안녕!')
printmsg('나는 함수야')
printmsg('많이 불러줘')
```

```
def func( ):
    print('Python')
    return
    print('Java')

func( )
print('Program')
```

```
def cal(a, b, c):
    if c == '+':
        return a + b
    elif c == '-':
        return a - b
    else:
        return '연산자 오류'

print(cal(10, 20, '-'))
```

```
def func2( ):
    print('2')
    return

def func1( ):
    print('1')
    func2( )
    print('3')
    return

func1( )
```

```
def divFunc(a, b):
    q = a // b
    r = a % b
    return q, r

x, y = divFunc(10, 3)
print('몫:', x, '나머지:', y)
z = divFunc(20, 7)
print('몫:', z[0], '나머지:', z[1])
```

```python
def func(msg, n):
    for i in range(n):
        print(msg)
    print('End of function')

print(func('짝', 5))
```

```python
def add(xlist):
    s = 0
    for x in xlist:
        s = s + x
    return s

def average(tot, cnt):
    return tot / cnt

alist = [10, 30, 20, 70, 90]
sumV = add(alist)
avgV = average(sumV, len(alist))
print(f'합계: {sumV}, 평균: {avgV}')
```

```
def func( ):
    local_var = 10
    print('함수 안:', local_var)

func( )
print('함수 밖:', local_var)
```

```
def func1( ):
    global x
    x = 100
    y = func2(x) * 20
    print('func1:', x, y)
    return

def func2(x):
    x = 10
    y = x * 10
    print('func2:', x, y)
    return x
x = 0
y = 0
func1( )
print(x, y)
```

```
def func( ):
    print('함수 안:', global_var)

global_var = 20
func( )
print('함수 밖:', global_var)
```

```
def updateManager(name):
    name = '홍길동'
    print('함수 안:', name)
    return

manager = '정고은'
updateManager(manager)
print('함수 밖:', manager)
```

```
def func(setx):
    setx.add(10)
    setx.add(20)
    print('함수 안:', setx)
    return

seta = {1, 2, 3}
func(seta)
print('함수 밖:', seta)
```

실습문제

1. 다음 설명을 보고 함수를 정의하고 아래와 같이 실행되는 프로그램을 작성하세요. 단, 각 형식별로 함수를 정의하여 총 4개의 프로그램을 작성한다.

	함수	기능
1	isSign( )	정수 값 N을 입력받아 다음을 출력 N<0이면, '음수' / N=0이면, '영' / N>0이면, '양수'
2	isSign( )	정수 값 N을 입력받아 다음을 반환 N<0이면, '음수' / N=0이면, '영' / N>0이면, '양수'
3	isSign(N)	정수 값 N을 전달받아 다음을 출력 N<0이면, '음수' / N=0이면, '영' / N>0이면, '양수'
4	isSign(N)	정수 값 N을 전달받아 다음을 반환 N<0이면, '음수' / N=0이면, '영' / N>0이면, '양수'

실행결과

```
정수 입력: -10
음수입니다.
```

2. 다음 설명을 보고 함수를 정의하고 아래와 같이 실행되는 프로그램을 작성하세요.

함수	기능
CtoF(C)	섭씨 온도 C를 전달받아 변환공식에 따라 화씨 온도로 변환하여 반환 (온도 변환 공식: F = 9 / 5 * C + 32)

실행결과

```
섭씨 온도 입력: 32
화씨 온도는 89.6도입니다.
```

3. 다음 설명을 보고 함수를 정의하고 아래와 같이 실행되는 프로그램을 작성하세요.

함수	기능
isPrimeNum(N)	정수 N을 전달받아 소수이면 True를 반환하고, 아니면 False를 반환

실행결과

```
정수 입력: 17
17은 소수입니다.
```

4. 다음 설명을 보고 함수를 정의하고 아래와 같이 실행되는 프로그램을 작성하세요.

	함수	기능
1	add(a, b)	두 수 a와 b를 전달받아 두수의 합을 반환
2	subtract(a, b)	두 수 a와 b를 전달받아 두수의 차를 반환
3	multiply(a, b)	두 수 a와 b를 전달받아 두수의 곱을 반환
4	divide(a, b)	두 수 a와 b를 전달받아 두수의 몫을 반환

실행결과

```
첫 번째 수 입력: 10.5
두 번째 수 입력: 5.3
연산자 입력: *

10.5 * 5.3 = 55.65
```

5. 다음 설명을 보고 함수를 정의하고 아래와 같이 실행되는 프로그램을 작성하세요.

	함수	기능
1	genRand(start, end, n)	start에서 end 사이의 중복되지 않는 난수를 n개 발생하여 리스트에 지정하여 반환
2	calculate_statistics(nlist)	리스트 nlist를 전달받아 최댓값, 최솟값, 평균을 구하여 반환

실행결과

```
시작값: 1
끝값: 100
난수 개수: 10
발생된 난수: [43, 89, 70, 31, 44, 1, 24, 12, 13, 33]
최댓값: 89
최솟값: 1
평균: 36.0
```

6. 아래와 같이 distance( )와 nearestpoint( ) 함수를 정의하고 이를 이용하여 주어진 점의 집합에서 거리가 가장 가까운 점의 쌍을 찾는 프로그램을 작성하세요.

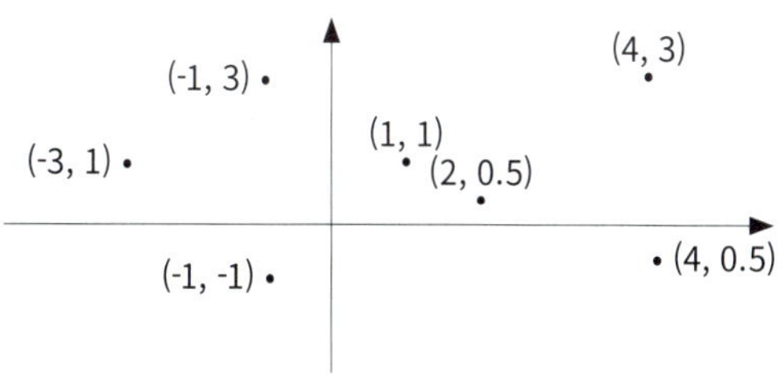

points = [(-1, 3), (-3, 1), (-1, -1), (1, 1), (2, 0.5), (4, 3), (4, 0.5)]

(x_1, y_1)과 (x_2, y_2) 사이의 거리를 구하는 공식

$\sqrt{(x_2 - x_1)^2 + (y_2 - y_1)^2}$

	함수	기능
1	distance(point1, point2)	두 점을 전달받아 두 점 사이의 거리를 구하여 반환
2	nearestpoint(points)	리스트에 저장된 모든 점 간의 거리를 distance( ) 함수를 사용하여 구하고, 이 중에서 거리가 가장 짧은 점의 쌍을 찾아 반환

실행결과

```
가장 가까운 점: ((1, 1), (2, 0.5))
```

7. 아래와 같이 area( ) 함수를 정의하고 이를 이용하여 그림의 면적을 구하는 프로그램을 작성하세요.

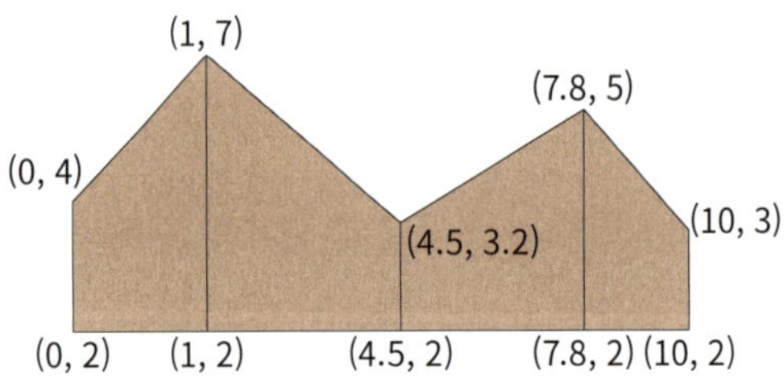

nodes = [(0, 2), (1, 2), (4.5, 2), (7.8, 2),
(10, 2), (0, 4), (1, 7), (4.5, 3.2),
(7.8, 5), (10, 3)]

사다리꼴의 면적을 구하는 공식

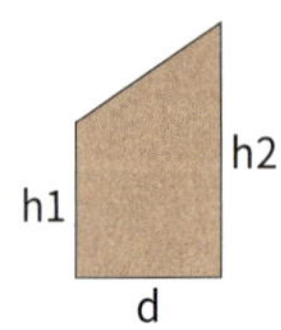

(h1 + h2) × d / 2

함수	기능
area(n1, n2, n3, n4)	점 4개를 전달받아 사다리꼴의 면적을 계산하여 반환

실행결과

```
1번째 사다리꼴의 면적: 3.5
2번째 사다리꼴의 면적: 10.85
3번째 사다리꼴의 면적: 6.93
4번째 사다리꼴의 면적: 4.4
전체 면적: 25.68
```

8. 다음과 같이 딕셔너리에 친구의 이름과 메일 주소를 저장하고 findUser( )함수를 정의한다. 정의된 함수와 딕셔너리를 이용하여 특정 도메인(domain)을 사용하는 친구의 이름을 출력하는 프로그램을 작성하세요. 도메인은 웹사이트의 주소를 나타내는 인터넷 상의 고유한 이름으로 'handsome@hankuk.ac.kr'에서는 'hankuk'이 도메인이다.

```
emailDict = {'박소은': 'park@naver.com', '홍예은': 'naver12@gmail.com',
             '백현우': 'handsome@hankuk.ac.kr', '김사랑': 'love24@gmail.com'}
```

함수	기능
findUser(email, domain)	email과 domain을 전달받아 메일 주소에 해당 도메인이 포함되어 있으면 True, 없으면 False를 반환

실행결과

```
검색하고자 하는 도메인: gmail
gmail을 사용하는 사용자의 이름은 ['홍예은', '김사랑']입니다.
```

9. 아래와 같이 triangle_type( )함수를 정의하고 이를 이용하여 삼각형의 세 변의 길이를 입력받아 삼각형의 종류를 출력하는 프로그램을 작성하세요.

함수	기능
triangle_type(a, b, c)	삼각형의 세 변의 길이를 전달받아 삼각형의 종류를 판별하여 '정삼각형', '이등변 삼각형', '부등변 삼각형' 중에 하나를 반환

실행결과 | triangle_type(3, 3, 3)일 경우

```
정삼각형
```

실행결과 | triangle_type(3, 3, 4)일 경우

```
이등변 삼각형
```

실행결과 | triangle_type(3, 4, 5)일 경우

```
부등변 삼각형
```

10. 딕셔너리에 다음과 같이 구매 품목과 각 품목의 금액을 저장하고 calculate_total( ) 함수를 정의한다. 정의된 함수와 딕셔너리를 이용하여 총 구매 금액을 계산하는 프로그램을 작성하세요.

```
shopping_dic = {'우유': 2500, '식빵': 5000, '치즈': 6300, '샐러드': 9000}
```

함수	기능
calculate_total(sdic)	딕셔너리를 전달받아, 총 구매 금액을 계산하여 반환

실행결과

```
총 구매 금액: 22800원
```

11. 딕셔너리에 다음과 같이 예약 번호와 예약자의 여행 정보를 저장하고 findBookingNum( )함수를 정의한다. 정의된 함수와 딕셔너리를 이용하여 출발 날짜를 입력받아, 해당 날짜에 여행을 떠나는 예약자의 이름을 출력하는 프로그램을 작성하세요.

```
# 여행자 정보와 예약 정보 저장
travel_bookings = {
    101: {'name': '김가랑', 'dest': '파리', 'depart_date': '240915', 'return_date': '240925'},
    102: {'name': '한가한', 'dest': '뉴욕', 'depart_date': '241010', 'return_date': '241020'},
    103: {'name': '여로운', 'dest': '도쿄', 'depart_date': '241010', 'return_date': '241110'}
}
```

함수	기능
findBookingNum(bookings, date)	딕셔너리와 출발 날짜를 전달받아, 해당 날짜에 출발하는 예약 번호들을 리스트에 지정하여 반환

실행결과

```
출발날짜 입력(YYMMDD): 241010
예약번호: 102, 여행자 이름: 한가한
예약번호: 103, 여행자 이름: 여로운
```

12. 딕셔너리에 사원의 이름과 12개월의 판매실적을 저장하고 getName( )과 getMean( )함수를 정의한다. 정의된 함수와 딕셔너리를 이용하여 분기별 판매실적의 평균을 출력하는 프로그램을 작성하세요.

```
sales_dic = {
    '김이수': [15, 12, 10, 5, 10, 5, 8, 10, 3, 4, 9, 3],
    '한혜랑': [5, 2, 1, 5, 10, 9, 13, 15, 18, 20, 25, 18],
    '박주민': [8, 12, 10, 15, 10, 25, 18, 10, 13, 15, 10, 10]
}
```

함수	기능
getName(xdic)	딕셔너리를 전달받아, 사원의 이름을 리스트에 지정하여 반환
getMean(xlist)	사원의 12개월 판매량 리스트를 전달받아, 분기별 평균 판매량을 계산하고, 이를 리스트에 지정하여 반환

실행결과

```
이름을 지정한 리스트: ['김이수', '한혜랑', '박주민']
평균을 지정한 리스트: [[12.3, 6.7, 7.0, 5.3], [2.7, 8.0, 15.3, 21.0],
[10.0, 16.7, 13.7, 11.7]]
```

13. 피보나치 수열의 n번째 항의 값을 구하여 출력하는 프로그램을 작성하세요. 단, 함수 fibo( )를 재귀적으로 호출하는 방식으로 작성한다.

함수	기능
fibo(n)	정수 n를 전달받아 피보나치 수열의 n번째 항의 값을 반환 fibo(n) = fibo(n-1) + fibo(n-2), fibo(1) = 1, fibo(2) = 1

실행결과

```
구하려는 항을 입력: 10
10번째 항의 값은 55입니다.
```

14. 두 수의 최대공약수를 구하여 출력하는 프로그램을 작성하세요. 단, 함수 gcd( )를 재귀적으로 호출하는 방식으로 작성한다.

유클리드 호제법

두 정수 x, y (x > y)에 대하여 x를 y로 나눈 나머지를 r이라고 한다면, x와 y의 최대공약수는 y와 r의 최대공약수와 같다. y가 0이 되면 x를 두 수의 최대공약수로 반환한다.

예시: gcd(32, 12)

단계:	x	y
1단계	32	12
2단계	12	8
3단계	8	4
4단계	4	0

함수	기능
gcd(x, y)	두 정수를 전달받아 두 정수의 최대공약수를 반환 단, x < y이면, 두 값을 서로 교환(swap)한다.

실행결과

```
첫 번째 정수: 32
두 번째 정수: 12
32와 12의 최대공약수는 4입니다.
```

15. 1부터 n까지의 합(1+2+3+...+n)을 구하여 출력하는 프로그램을 작성하세요. 단, 함수 sum1toN( )을 재귀적으로 호출하는 방식으로 작성한다.

함수	기능
sum1toN(n)	정수 n을 전달받아 1부터 n까지의 합을 반환

실행결과

```
정수 입력: 10
1부터 10까지의 합은 55입니다.
```

Chapter 7

파일 입출력

이번 장에서는 다음과 같은 내용을 학습합니다.

파일 열기와 닫기

파일 읽기와 쓰기

파일 열기와 닫기

프로그램에서 생성되거나 사용된 데이터는 프로그램이 종료될 때 소멸된다. 따라서 데이터를 영구적으로 보관하거나 사용하려면 저장장치에 파일로 저장해야 한다.

파일에서 데이터를 읽거나 파일에 데이터를 쓰기 위해서는 먼저 open( ) 함수를 사용하여 파일을 열어야 한다. open( )함수는 파일에 대한 접근권한을 얻어 변수에 지정하여 사용한다. open( ) 함수를 호출할 때는 파일명과 모드(mode)를 전달인자로 사용한다. 현재 실행 중인 프로그램과 파일이 서로 다른 폴더에 있다면 파일명에 경로(path)를 함께 지정해야 한다. 모드에서는 파일을 어떤 용도(읽기 또는 쓰기)로 열지를 지정한다.

```
변수 = open(파일명, 모드)
```

모드	설명	예시
'r'	파일을 읽기(read) 용도로 연다. 해당 파일이 존재하지 않으면 오류가 발생한다.	inf = open('in.txt', 'r')
'w'	파일을 쓰기(write) 용도로 연다. 해당 파일이 존재하지 않으면 새로 생성되고, 이미 존재하면 파일의 내용이 모두 삭제된다.	outf = open('out.txt', 'w')
'a'	파일을 추가(append) 용도로 연다. 해당 파일이 존재하면 파일의 끝에 내용이 추가되고, 파일이 없으면 새로 생성된다.	outf = open('out.txt', 'a')

파일에서 읽기 혹은 쓰기를 할 때는 파일 포인터(file pointer)가 파일 내의 위치를 지정하고 있으며, 읽기 또는 쓰기를 한 후에는 파일 포인터가 다음 위치로 이동하게 된다.
열려 있는 파일은 프로그램이 종료되기 전에 반드시 close( )함수를 사용하여 닫아야 한다. 특히, 쓰기 모드와 추가 모드로 열은 파일을 닫지 않으면 파일에 데이터의 일부만 저장될 수 있다.

```
변수.close( )
```

파일 읽기와 쓰기

파일에 저장되어 있는 데이터를 읽기 위한 함수는 다음과 같다. 각 함수는 파일에 저장된 모든 데이터를 문자열 형태로 읽으며, 파일에 여러 줄이 저장되어 있다면 각 줄의 마지막 줄바꿈('\n') 문자도 함께 읽는다.

함수	설명	예시
read( )	파일에 저장된 전체 데이터를 읽어 하나의 문자열 형태로 반환한다.	inf = open('in.txt', 'r') strlines = inf.read( ) print(strlines) inf.close( )
readline( )	파일에 저장된 전체 데이터 중에서 하나의 줄만 읽어 문자열 형태로 반환한다.	inf = open('in.txt', 'r') line = inf.readline( ) print(line) inf.close( )
readlines( )	파일에 저장된 전체 데이터를 줄 단위로 읽어 문자열 리스트 형태로 반환한다.	inf = open('in.txt', 'r') listlines = inf.readlines( ) print(listlines) inf.close( )

파일에 저장된 전체 데이터를 한 줄 단위로 처리하려면 다음과 같은 방법을 사용한다.

readline( )함수 이용

```
inf = open('in.txt', 'r')
while True:
    line = inf.readline( )
    if not line:
        break
    print(line)
inf.close( )
```

readline( )함수는 읽은 내용이 없으면 빈 문자열('')이 반환된다. 빈 문자열은 False로 처리된다.

readlines( )함수 이용

```
inf = open('in.txt', 'r')
listoflines = inf.readlines( )
for line in listoflines:
    line = line.rstrip( )
    print(line)
inf.close( )
```

rstrip( ) 혹은 strip( ) 함수를 사용해서 줄의 끝에 있는 줄 바꿈 문자를 제거할 수 있다.

반복자료의 성질을 이용

```
inf = open('in.txt', 'r')
for line in inf:
    line = line.rstrip( )
    print(line)
inf.close( )
```

파일은 반복자료형이기 때문에 for문을 사용하여 줄 단위로 데이터를 반환받아 처리할 수 있다.

write( )함수는 데이터를 문자열 형태로 파일에 기록하는 함수이다. 자동으로 줄 바꿈이 되지 않기 때문에 줄바꿈을 하려면 '\n'를 write( )함수 안에 삽입해야 한다.

함수	설명	예시
write( )	파일에 하나의 데이터를 기록한다. 이때 데이터는 문자열만 가능하며, 여러 개의 데이터를 출력할 경우 하나의 문자열로 만들어서 기록한다.	outf = open('out.txt', 'w') outf.write('컴퓨터프로그래밍\n') outf.close( )
writelines( )	파일에 여러 개의 데이터를 기록하는 경우에 사용되며, 전달받은 반복자료에 지정된 여러 개의 문자열 데이터를 기록한다.	lang_list = ['python\n', 'java\n'] outf = open('out.txt', 'w') outf.writelines(lang_list) outf.close( )

파일을 'w'모드로 여는 경우 파일이 이미 존재하면 기존에 있던 파일의 내용이 모두 삭제된다. isfile( )함수는 파일이 해당 폴더 안에 존재하면 True를 반환하는 함수로 os모듈 안에 있다.

```
import os.path, sys
if os.path.isfile('out.txt'):
    print('파일이 이미 존재합니다.')        # 파일이 해당 폴더에
    sys.exit( )                             존재하면 메시지를 출력하고
                                            프로그램을 종료한다.
outf = open('out.txt', 'w')
outf.write('컴퓨터프로그래밍\n')
outf.close( )
```

연습문제

아래 코드의 실행결과를 쓰세요. 오류가 발생하면 오류라고 쓰세요.

```
outFile = open('friend.txt', 'w')
outFile.write('김우진\n')
outFile.write('박한별')
outFile.write('김소라')
outFile.close( )
```

```
inFile = open('friend.txt', 'r')
lines = inFile.readlines( )
print(lines)
inFile.close( )
```

```
outFile = open('employee.txt', 'w')
outFile.write('김세아, 29, 3800\n')
outFile.write('박문혁, 26, 4500\n')
outFile.write('이달임, 31, 4000\n')
outFile.close( )
```

```python
inputFileName ='employee.txt'
inputFile = open(inputFileName, 'r')

print('Name \t Age \t Income')
for line in inputFile:
    line = line.rstrip( )
    name, age, income = line.split(',')
    print(name, '\t', age, '\t', income)
inputFile.close( )
```

```python
outf = open('test.txt', 'w')

for i in range(10):
    outf.write(i, '\n')
outf.close( )
```

```python
outf = open('test.txt', 'w')

for i in range(10):
    outf.write(str(i) + '\n')

inf = open('test.txt', 'r')
lines = inf.read( )
print(lines)

outf.close( )
inf.close( )
```

```
outf = open('test.txt', 'w')

strmsg = '''안녕하세요.
파이썬입니다.
좋은 하루되세요.'''
outf.write(strmsg)
outf.close( )

inf = open('test.txt', 'r')
msg1 = inf.readline( )
print(msg1)
msg2 = inf.readlines( )
print(msg2)
inf.close( )
```

```
outf = open('test.txt', 'w')
for i in [10, 30, 5, 20, 9]:
    outf.write(str(i) + '\n')
outf.close( )

inf = open('test.txt', 'r')
sumV = 0
for n in inf:
    sumV = sumV + int(n)
print(sumV)
inf.close( )
```

```
outf = open('test.txt', 'w')
strmsg1 = '''안녕하세요.
파이썬입니다.
좋은 하루되세요.'''
outf.write(strmsg1 + '\n')
outf.close( )

outf = open('test.txt', 'a')
strmsg2 = '''안녕하세요.
자바입니다.
당신도 좋은 하루되세요.'''
outf.write(strmsg2 + '\n')
outf.close( )
```

```
f = open('out.txt', 'w')
name = '홍지현'
score1 = 50
score2 = 60
f.write('이름\t점수1\t점수2\n')
f.write(f'{name}\t{score1}\t{score2}\n')
f.write('박하늘' + '\t'+ str(90) + '\t' + str(80) + '\n')
f.write('%s\t%d\t%d\n' %('김바다', 70, 100))
f.close( )

f = open('out.txt', 'r')
rlines = f.readlines( )
for line in rlines[1:]:
    line = line.strip( )
    slist = line.split( )
    tot = int(slist[1]) + int(slist[2])
    print(slist[0], tot)
f.close( )
```

실습문제

1. 입력 파일 msg.txt에 다음과 같이 명언을 저장한 후, 이들 중에서 하나를 임의로 선택하여 출력하는 프로그램을 작성하세요.

입력 파일 msg.txt의 내용

```
내일 할 수 있는 일을 오늘 할 필요는 없다.
괴롭고 절망스러웠던 일이 결과적으로 내 삶을 변화로 이끄는 나침반이 되어준 것이다.
타이밍이 올 때까지 기다린다는 것은 타이밍이 안 오면 안 하겠다는 것과 같은 말이다.
한번의 실패와 영원한 실패를 혼동하지 마라.
누구나 저마다의 문제가 있다.
```

실행결과

```
오늘의 명언: 누구나 저마다의 문제가 있다.
```

2. 입력 파일 eng-kor.txt에 다음과 같이 영어 단어와 이에 대응하는 한글 단어를 저장한다. 파일의 데이터를 읽어서 딕셔너리에 지정한 후, 사용자가 영어 단어를 입력하면 대응하는 한글 단어를 출력하는 프로그램을 작성하세요. 입력한 단어가 저장되어 있지 않으면 '입력한 단어가 없습니다.'라고 출력한다.

입력 파일 eng-kor.txt의 내용

```
better;더나은
tomorrow;내일
always;언제나
best;최고의
you;당신
```

실행결과

```
영어 단어를 입력하세요: always
always의 뜻은 '언제나'입니다.
```

3. 친구의 이름과 거주지를 입력받아, 파일 address.txt에 다음과 같이 기록(write)하는 프로그램을 작성하세요. 이때 이름을 '입력끝'으로 입력하면 입력을 종료한다.

실행결과

```
친구 이름: 김동욱
친구 거주지: 서울
친구 이름: 한로운
친구 거주지: 부산
친구 이름: 우현빈
친구 거주지: 서울
친구 이름: 입력끝
```

생성된 파일 address.txt의 내용

```
이름     거주지
김동욱   서울
한로운   부산
우현빈   서울
```

4. 문제 3에서 생성된 파일 address.txt의 데이터를 읽어 딕셔너리에 지정한다. 친구 이름을 입력받아 해당 친구의 거주지를 출력하는 프로그램을 작성하세요.

실행결과

```
친구 이름을 입력하세요: 한로운
내 친구 한로운은 부산에 살고 있습니다.
```

5. 정답(cans.txt)과 학생의 답(sans.txt)이 각각 파일에 저장되어 있다. 두 파일에 저장된 답을 읽어서 리스트에 지정한 후 총점을 구하여 출력하는 프로그램을 작성하세요. 단, 각 문항의 점수는 10점이다.

정답(cans.txt)	학생답(sans.txt)
파이썬 10 148.6 random open write 0.5 True for break	파이썬 10 148.0 randint open write 0.5 True for continue

실행결과

```
70점입니다.
```

6. 금지어 목록 파일 prohibited_words.txt에서 단어들을 읽어 세트(set)에 지정한 후, 사용자가 입력한 문장에 각각의 금지어가 몇 개가 있는지를 출력하는 프로그램을 작성하세요.

금지어(prohibited_words.txt)
대출 도박 성인 사이트 최고 시술 불법 무료 광고

실행결과

```
문장 입력: 이 광고는 무료 시술을 안내하는 광고입니다.
*** 금지어 위반 목록 ***
시술: 1
광고: 2
무료: 1
```

7. 시스템 사용자의 로그 파일 log.txt에서 데이터를 한 줄씩 읽어 와서 (날짜, 시간, 로그)로 구성된 튜플로 만들어 리스트에 아이템으로 지정한다. 사용자가 입력한 날짜, 시간, 로그 유형에 맞는 로그 메시지를 출력하는 프로그램을 작성하세요.

로그 파일(log.txt)

```
2024-08-14 03:52:17 - INFO: Application started
2024-08-14 03:53:47 - ERROR: Connection failed
2024-08-14 04:12:30 - INFO: User logged in
2024-08-14 04:30:40 - INFO: Data saved successfully
2024-08-14 04:45:41 - ERROR: Connection failed
2024-08-14 04:45:55 - INFO: Data saved successfully
2024-08-14 05:52:10 - INFO: Application closed
2024-08-14 06:03:11 - WARNING: Disk space running low
2024-08-14 07:05:20 - INFO: Application closed
2024-08-14 08:52:47 - WARNING: Disk space running low
2024-08-14 09:14:23 - WARNING: High CPU usage
2024-08-14 10:10:10 - ERROR: Network timeout
2024-08-15 02:05:20 - ERROR: Unauthorized access attempt
2024-08-15 02:14:30 - ERROR: Insufficient permissions
2024-08-15 05:01:01 - INFO: User logged out
2024-08-16 15:12:30 - INFO: User logged in
2024-08-16 16:14:23 - ERROR: Connection failed
```

실행결과

```
날짜 입력(yyyy-mm-dd): 2024-08-15
시간 입력(00~24): 02
로그 유형(ERROR/INFO/WARNING): ERROR
2024-08-15 02:05:20 ERROR: Unauthorized access attempt
2024-08-15 02:14:30 ERROR: Insufficient permissions
총 2개의 로그가 있습니다.
```

8. 서울시에서 제공하는 CCTV보유 현황 데이터이다. 해당 데이터 파일을 이용해서 행정구별로 인구수대비 보유현황률(%)을 계산하여 파일에 출력하는 프로그램을 작성하세요. 단 출력 파일에 계산된 value의 실수 값을 소수점 이하 2자리로 출력하려면 outfile.write(f'{value:.2f}\n')를 사용하면 된다.

구별	인구수	한국인	외국인	고령자	CCTV수
종로구	162,913	152,778	10,135	26,981	1,925
중구	135,836	125,942	9,894	22,421	1,260
용산구	245,139	229,168	15,971	38,049	2,379
성동구	314,608	306,404	8,204	43,076	2,554
광진구	370,658	354,873	15,785	46,288	1,228
동대문구	363,262	346,750	16,512	57,570	1,555
중랑구	407,211	402,203	5,008	62,789	1,053
성북구	450,021	438,245	11,776	68,612	2,221
강북구	321,151	317,386	3,765	58,858	946
도봉구	340,089	337,820	2,269	56,742	899
노원구	545,486	541,174	4,312	78,170	1,576

구별	인구수	한국인	외국인	고령자	CCTV수	CCTV/인구수(%)
종로구	162,913	152,778	10,135	26,981	1,925	1.18
중구	135,836	125,942	9,894	22,421	1,260	0.93
용산구	245,139	229,168	15,971	38,049	2,379	0.97
성동구	314,608	306,404	8,204	43,076	2,554	0.81
광진구	370,658	354,873	15,785	46,288	1,228	0.33
동대문구	363,262	346,750	16,512	57,570	1,555	0.43
중랑구	407,211	402,203	5,008	62,789	1,053	0.26
성북구	450,021	438,245	11,776	68,612	2,221	0.49
강북구	321,151	317,386	3,765	58,858	946	0.29
도봉구	340,089	337,820	2,269	56,742	899	0.26
노원구	545,486	541,174	4,312	78,170	1,576	0.29

Chapter 8

응용문제

이번 장에서는 학습한 내용으로 응용문제를 풀어봅니다.

1. 다음과 같은 노드(node)와 간선(edge)으로 이루어진 무방향 그래프(undirected graph)가 있다. 노드의 인접리스트(adjacency list)를 딕셔너리로 표현하는 프로그램을 작성하세요. 딕셔너리 생성시에 각 노드를 키로 하고, 해당 노드의 인접 노드들에 대한 리스트를 값으로 지정한다.

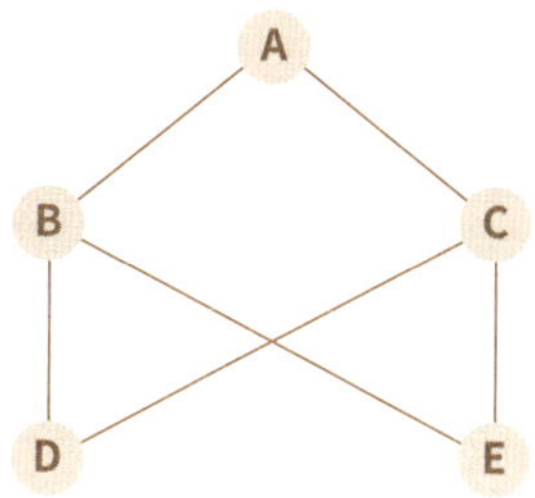

	A	B	C	D	E
A	0	1	1	0	0
B	1	0	0	1	1
C	1	0	0	1	1
D	0	1	1	0	0
E	0	1	1	0	0

인접 행렬

실행결과

```
무방향 그래프 인접 리스트:
{'A': ['B', 'C'], 'B': ['A', 'D', 'E'], 'C': ['A', 'D', 'E'], 'D': ['B', 'C'],
'E': ['B', 'C']}
노드 이름 입력: B
노드 B의 인접 노드는 ['A', 'D', 'E']입니다.
```

2. 가위바위보게임은 2명 이상의 참가자가 가위, 바위, 보 중에 하나를 선택하면 승패 규칙에 따라 승자가 정해진다. 가위는 보에 이기고, 바위는 가위에 이기고, 보는 바위에 이기며 같은 것을 선택하면 비기게 된다. 컴퓨터1, 컴퓨터2, 컴퓨터3이 가위바위보 게임을 수행하는 프로그램을 작성하세요. 컴퓨터는 1~3 사이의 난수를 생성하여 1이면 가위, 2면 바위, 3이면 보를 선택했다고 가정한다.

실행결과 | 참가자 세 명이 모두 다른 것을 선택한 경우

```
참가자1: 가위
참가자2: 바위
참가자3: 보

비겼다.
```

실행결과 | 참가자 두 명이 같은 것을 선택한 경우

```
참가자1: 가위
참가자2: 가위
참가자3: 보

승자: 참가자1 참가자2
```

실행결과 | 참가자 세 명이 모두 같은 것을 선택한 경우

```
참가자1: 바위
참가자2: 바위
참가자3: 바위

비겼다.
```

3. 다음의 실행 결과를 보고 프로그램을 완성하세요. 평균 점수가 90점 이상이면 A, 90점 미만 80점 이상이면 B, 80점 미만 70점 이상이면 C, 나머지는 등급(grade)을 F로 한다.

실행결과 | 리스트를 선택한 경우

```
1: List 2: Tuple
자료형을 선택하세요: 1
학생1 이름을 입력하세요: David
수학 점수를 입력하세요: 90
과학 점수를 입력하세요: 90
프로그래밍 점수를 입력하세요: 95
학생2 이름을 입력하세요: Lindsay
수학 점수를 입력하세요: 70
과학 점수를 입력하세요: 100
프로그래밍 점수를 입력하세요: 90
실행결과:
{'David': {'Score':[90, 90,
95], 'Grade':'A'}, 'Lindsay':
{'Score':[70, 100, 90],
'Grade':'B'}}
```

실행결과 | 튜플을 선택한 경우

```
1: List 2: Tuple
자료형을 선택하세요: 2
학생1 이름을 입력하세요: Kim
수학 점수를 입력하세요: 90
과학 점수를 입력하세요: 70
프로그래밍 점수를 입력하세요: 99
학생2 이름을 입력하세요: Park
수학 점수를 입력하세요: 80
과학 점수를 입력하세요: 90
프로그래밍 점수를 입력하세요: 75
실행결과:
{'Kim': {'Score':(90, 70,
99), 'Grade':'B'}, 'Park':
{'Score':(80, 90, 75),
'Grade':'B'}}
```

실행결과 | 잘못된 값을 입력한 경우

```
1: List 2: Tuple
자료형을 선택하세요: 3
입력이 잘못되었습니다.
```

4. 아래는 물리 단위 환산표이다. 딕셔너리 conv가 다음과 같이 정의되어 있다고 가정할 때 단위를 변환하는 프로그램을 작성하세요.

길이	cm	in	ft
	1	0.3937	0.03281

질량	kg	t	lb
	1	0.01	0.3937

힘	N	kgf	lbf
	1	0.101972	0.2248

압력	kgf/cm²	bar	Pa
	1	0.980665	0.980665e5

```
conv = {'길이': {1: [1,'cm'], 2: [0.3937,'in'], 3: [0.03281,'ft']},
        '질량': {1: [1,'kg'], 2: [0.01,'t'], 3: [0.3937,'lb']},
        '힘': {1: [1,'N'], 2: [0.101972,'kgf'], 3: [0.2248,'lbf']},
        '압력': {1: [1,'kgf/cm2'], 2: [0.980665,'bar'], 3: [0.980665e5,'Pa']}}
```

실행결과

```
1.길이  2.질량  3.힘  4.압력
환산하고자 하는 대상을 고르시오: 길이
1.cm 2.in 3.ft
환산하고자 하는 단위를 고르시오: 1
값을 입력하세요: 100
------------------------------
100.0 cm 값은
39.37 in
3.2809999999999997 ft
------------------------------
```

실행결과

```
1.길이  2.질량  3.힘  4.압력
환산하고자 하는 대상을 고르시오: 길이
1.cm 2.in 3.ft
환산하고자 하는 단위를 고르시오: 3
값을 입력하세요: 100
------------------------------
100.0 ft 값은
3047.851264858275 cm
1199.939042974703 in
------------------------------
```

실행결과

```
1.길이  2.질량  3.힘  4.압력
환산하고사 하는 대상을 고르시오: 힘
1.N 2.kgf 3.lbf
환산하고자 하는 단위를 고르시오: 2
값을 입력하세요: 100
------------------------------
100.0 kgf 값은
980.6613580198486 N
220.45267328286195 lbf
------------------------------
```

5. 다음 순서와 같이 음료값을 계산하는 프로그램을 작성하세요.

> **1. 딕셔너리에 메뉴 이름과 가격을 지정한 후, 실행결과와 같이 출력한다.**
> **menudict = {'아메리카노': 5500, '카페라떼': 6000, '카푸치노': 6500}**
> **2. 실행결과의 예시처럼 손님의 이름과 메뉴를 차례대로 입력한다. 이때 입력한 메뉴가 딕셔너리에 없다면 '선택한 메뉴는 없는 메뉴입니다.'를 출력하고, 있다면 수량을 입력하고 음료값을 계산한다.**
> **3. 더 이상 주문이 없다면 '메뉴 선택'에 '끝'을 입력하고 주문을 완료한다. 그리고 손님의 총 음료값을 출력한다.**
> **4. 다음 손님이 있는지 물어보고, 'y'이면 2부터 3을 반복한다.**

실행결과

```
당신은 카페에 왔습니다.
*** 메뉴 ***
[1] 아메리카노: 5500원
[2] 카페라떼: 6000원
[3] 카푸치노: 6500원

음료를 주문하세요.
당신의 이름: 지원
메뉴 선택: 아메리카노
수량 선택: 2
메뉴 선택: 말차라떼
선택한 메뉴는 없는 메뉴입니다.
메뉴 선택: 카페라떼
수량 선택: 1
메뉴 선택: 끝
지원님의 총 요금은 17000원 입니다.
다음 손님 있습니까(y/n)? y
음료를 주문하세요.
당신의 이름: 주현
메뉴 선택: 카푸치노
수량 선택: 1
메뉴 선택: 끝
주현님의 총 요금은 6500원 입니다.
다음 손님 있습니까(y/n)? n
```

6. 다음과 같은 문자열이 주어졌을 때 영문 소문자의 전체 개수와 각 알파벳의 개수 그리고 비율을 출력하세요. 단, 영문 대문자, 숫자, 구두점, 공백은 제외하며 개수가 0이면 출력하지 않는다.

Python3.9 is a programming language that lets you work more quickly and integrate your systems more effectively. You can learn to use Python3.9 and see almost immediate gains in productivity and lower maintenance costs.

실행결과

```
문자열의 전체 소문자의 개수는 175개입니다.
a: 16개,  9.14%    c: 6개,  3.43%   d: 5개,  2.86%   e: 19개,  10.86%
f: 2개,   1.14%    g: 6개,  3.43%   h: 3개,  1.71%   i: 12개,  6.86%
k: 2개,   1.14%    l: 7개,  4.00%   m: 9개,  5.14%   n: 15개,  8.57%
o: 14개,  8.00%    p: 2개,  1.14%   q: 1개,  0.57%   r: 10개,  5.71%
s: 11개,  6.29%    t: 16개, 9.14%   u: 7개,  4.00%   v: 2개,   1.14%
w: 2개,   1.14%    y: 8개,  4.57%
```

7. 다음과 같이 리스트가 주어졌을 때, 리스트에서 가장 작은 값을 선택하여 오름차순으로 정렬하는 최소선택정렬(min-selection sort) 프로그램을 작성하세요.

[57, 62, 87, 47, 72, 37, 26, 10, 46, 42]

최소선택정렬

1. 리스트의 정렬되지 않은 부분에서 가장 작은 값을 찾는다.

2. 찾은 값을 정렬되지 않은 부분의 첫 번째 값과 위치를 서로 교환한다.

3. 정렬되지 않은 부분에 대해 1~2과정을 반복하다가 아이템 개수가 1개가 되면 종료한다.

실행결과

```
초기리스트: [57, 62, 87, 47, 72, 37, 26, 10, 46, 42]
  1단계: [10, 62, 87, 47, 72, 37, 26, 57, 46, 42]
  2단계: [10, 26, 87, 47, 72, 37, 62, 57, 46, 42]
  3단계: [10, 26, 37, 47, 72, 87, 62, 57, 46, 42]
  4단계: [10, 26, 37, 42, 72, 87, 62, 57, 46, 47]
  5단계: [10, 26, 37, 42, 46, 87, 62, 57, 72, 47]
  6단계: [10, 26, 37, 42, 46, 47, 62, 57, 72, 87]
  7단계: [10, 26, 37, 42, 46, 47, 57, 62, 72, 87]
  8단계: [10, 26, 37, 42, 46, 47, 57, 62, 72, 87]
  9단계: [10, 26, 37, 42, 46, 47, 57, 62, 72, 87]
최종리스트: [10, 26, 37, 42, 46, 47, 57, 62, 72, 87]
```

8. 다음과 같이 리스트가 주어졌을 때, 가장 작은 값과 가장 큰 값을 동시에 찾아 정렬하는 최대최소선택정렬(maxmin-selection sort) 프로그램을 작성하세요. 단, 리스트의 길이는 짝수라고 가정한다.

[57, 72, 87, 47, 62, 37, 26, 10, 46, 42]

최대최소선택정렬

1. 리스트의 정렬되지 않은 부분에서 최솟값과 최댓값을 찾는다.

2. 최솟값은 정렬되지 않은 부분의 시작 값과 교환한다.

3. 최댓값은 다음 조건을 만족하도록 마지막 값과 교환한다.

3-1. 만약 최댓값 위치가 정렬되지 않은 부분의 첫 번째라면, 최댓값 위치를 최솟값 위치로 변경한 다음에 마지막 값과 교환한다.

3-2. 그렇지 않다면 최댓값을 정렬되지 않은 부분의 마지막 값과 교환한다.

4. 모든 아이템이 정렬될 때까지 1~3의 과정을 반복한다.

실행결과

```
초기리스트: [57, 72, 87, 47, 62, 37, 26, 10, 46, 42]
   단계1: [10, 72, 42, 47, 62, 37, 26, 57, 46, 87]
   단계2: [10, 26, 42, 47, 62, 37, 46, 57, 72, 87]
   단계3: [10, 26, 37, 47, 57, 42, 46, 62, 72, 87]
   단계4: [10, 26, 37, 42, 46, 47, 57, 62, 72, 87]
   단계5: [10, 26, 37, 42, 46, 47, 57, 62, 72, 87]
최종리스트: [10, 26, 37, 42, 46, 47, 57, 62, 72, 87]
```

9. 이진검색(binary search)은 정렬된 리스트가 주어졌을 때 검색 범위를 절반씩 줄여 나가며 특정 값을 찾는 방법이다. 다음과 같이 정렬된 listA가 주어졌을 때, 특정 아이템을 찾는 이진검색 프로그램을 작성하세요.

```
listA = [5, 10, 12, 18, 21, 24, 37, 48, 53, 55, 64, 66, 71, 74, 85, 88, 96, 99, 103, 110,
        117, 121, 127, 135, 149, 158, 159, 173, 181, 199]
```

이진검색

1. 찾고자 하는 값 key를 1에서 200 사이 임의 값으로 설정한다.
2. listA의 첫 번째 인덱스와 마지막 인덱스를 각각 start와 end라고 한다.
3. start가 end보다 작거나 같은 동안 과정 4를 반복한다.
4. mid = (start + end) / 2를 구하고, listA[mid]와 key를 비교한다.
4-1. key와 listA[mid]가 같다면, key를 mid에서 찾았다고 출력하고 반복을 종료한다.
4-2. key가 listA[mid]보다 크다면, start를 mid+1로 변경하고 3번 과정으로 되돌아간다.
4-3. key가 listA[mid]보다 작다면, end를 mid-1로 변경하고 3번 과정으로 되돌아간다.
5. 3번 과정이 종료된 후에도 key를 찾지 못했다면 key가 리스트에 없다고 출력한다.

아래는 주어진 리스트에서 찾는 key가 48일 때 이진검색의 과정을 나타낸 그림이다.

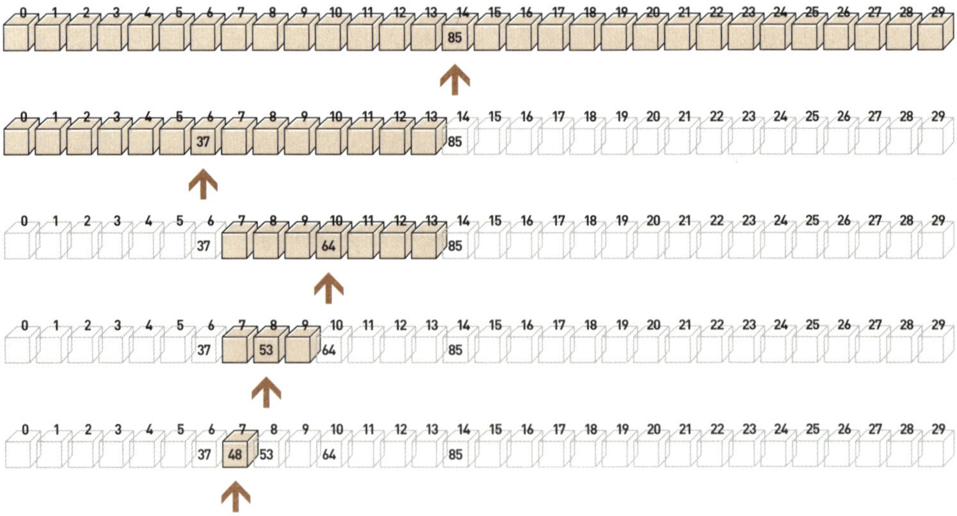

실행결과

```
listA = [5, 10, 12, 18, 21, 24, 37, 48, 53, 55, 64, 66, 71, 74, 85, 88,
96, 99, 103, 110, 117, 121, 127, 135, 149, 158, 159, 173, 181, 199]
찾는 값이 59이고 리스트에 없습니다.
```

실행결과

```
listA = [5, 10, 12, 18, 21, 24, 37, 48, 53, 55, 64, 66, 71, 74, 85, 88,
96, 99, 103, 110, 117, 121, 127, 135, 149, 158, 159, 173, 181, 199]
찾는 값이 48이고 리스트의 인덱스 7 위치에 있습니다.
```

10. 사용자로부터 높이를 입력받은 후 반복문을 이용하여 아래와 같은 모양으로 7보다 큰 소수들을 출력하는 프로그램을 작성하세요.

실행결과

```
Please input a height of number triangle~ 5
11
13 17
19 23 29
31 37 41 43
47 53 61 67 71
```

11. 다음 성적처리 프로그램은 학생들의 이름과 중간, 기말, 과제, 출석에 대한 점수가 저장되어 있는 파일에서 데이터를 읽어 리스트에 지정한 후, 학생별로 점수들의 총점을 구하여 파일에 출력하는 프로그램이다. 성적처리 프로그램에 sortBySum( )함수와 rankAndGrade( )함수를 추가하고, writeData( )함수를 수정하여 등수와 등급을 출력하세요.

함수	기능
sortBySum(slist)	데이터가 저장된 리스트를 전달받아, 총점을 기준으로 내림차순으로 데이터를 정렬한다. 정렬 알고리즘은 최대 선택 정렬을 사용한다.
rankAndGrade(slist, arate, brate)	정렬한 리스트를 전달받아, 등수와 등급을 구하여 리스트에 추가한다. 이때 입력받은 A등급의 비율과 B등급의 비율을 이용하여 각 등급의 인원수를 계산한다. 비율에 포함되지 않으면 모두 C등급으로 처리한다.

성적처리 프로그램의 소스코드

```
# 입력파일로부터 데이터를 읽어와 리스트에 저장하는 부분
def readData( ):
    slist = [ ]
    inFile = open('scorefile_in.csv', 'r')
    headline = inFile.readline( )

    for line in inFile:
        line = line.rstrip( )
        sinfo = line.split(',')
        slist.append(sinfo)
    inFile.close( )
    return slist

# 리스트에 저장된 값들을 더하는 부분
def addScores(scorelist):
    sum = 0
    for score in scorelist:
        sum = sum + int(score)
    return sum

```

```
# 출력파일에 리스트에 있는 데이터를 쓰는 부분
def writeData(slist):
    outFile = open('scorefile_out.txt', 'w')
    outFile.write('이름\t중간\t기말\t과제\t출석\t총점\t등수\t등급\n')

    for std in slist:
        for sinfo in std:
            outFile.write(sinfo+'\t')
        outFile.write('\n')
    outFile.close( )
    return

# sortBySum 함수 정의하는 부분 작성
# rankAndGrade 함수 정의하는 부분 작성

stdlist = readData( )
for std in stdlist:
    sumV = addScores(std[1:5])
    std.append(str(sumV))

sortBySum(stdlist)
rate1 = int(input('A 등급 비율: '))
rate2 = int(input('B 등급 비율: '))
rankAndGrade(stdlist, rate1, rate2)
writeData(stdlist)
```

입력파일: scorefile_in.csv의 내용

```
이름,중간,기말,과제,출석
김우진,25,30,30,10
박한별,20,25,30,9
김소라,10,25,30,10
이한열,9,18,20,10
이진영,28,25,28,9
박누리,25,25,29,8
한진희,20,29,26,9
한솔,22,20,30,10
나영희,30,28,30,9
김진,30,20,25,10
이영진,12,20,25,10
김주영,18,25,25,9
김소영,24,30,30,8
공원희,29,30,30,10
신승찬,29,25,30,10
이소희,30,28,30,10
한현주,28,27,30,10
김나래,10,20,28,10
천수진,15,10,20,10
안정환,8,10,20,9
```

실행결과

```
A등급 비율: 30
B등급 비율: 40
```

생성된 파일 scorefile_out.txt의 내용

이름	중간	기말	과제	출석	총점	등수	등급
공원희	29	30	30	10	99	1	A
이소희	30	28	30	10	98	2	A
나영희	30	28	30	9	97	3	A
김우진	25	30	30	10	95	4	A
한현주	28	27	30	10	95	5	A
신승찬	29	25	30	10	94	6	A
김소영	24	30	30	8	92	7	B
이진영	28	25	28	9	90	8	B
박누리	25	25	29	8	87	9	B
김진	30	20	25	10	85	10	B

한진희	20	29	26	9	84	11	B
박한별	20	25	30	9	84	12	B
한솔	22	20	30	10	82	13	B
김주영	18	25	25	9	77	14	B
김소라	10	25	30	10	75	15	C
김나래	10	20	28	10	68	16	C
이영진	12	20	25	10	67	17	C
이한열	9	18	20	10	57	18	C
천수진	15	10	20	10	55	19	C
안정환	8	10	20	9	47	20	C

12. 다음과 같이 작동하는 자판기 프로그램을 작성하세요.

1. 프로그램이 실행되면 사용자로부터 '(1)음료수를 마신다', '(2)그냥간다'를 입력받는다.
2. 사용자가 '(1)음료수를 마신다'를 선택하면 금액을 입력받고, 그렇지 않다면 프로그램을 종료한다.
3. 현재 금액과 각 음료수의 이름과 금액, 잔돈받기 메뉴를 출력한다.
4. 사용자가 음료수 번호를 입력하면 5로 이동하고 잔돈받기를 선택하면 6으로 이동한다.
5. 입력한 음료수를 제공하고 음료수 금액을 제외한 현재 금액을 계산하고 3으로 되돌아간다.
6. 현재 금액을 100으로 나눈 수만큼 '딸그락' 이라는 메시지를 출력하고 프로그램을 종료한다.

실행결과

```
도서관에서 열심히 공부하던 당신은 바람을 쐬기 위해 잠깐 나왔습니다.
마침 자판기가 보입니다.

      {:::}------}
      ¦ ¦┌-------¦
      ¦ ¦|[!][/][*]¦
      ¦ ¦|_______|¦
      ¦ ¦|[][][][]|¦
      ¦ ¦|_______|¦
      ¦ ¦┌------┐¦
      ¦ ¦|_______|¦
      {==}------}
      {==}------}
```

```
(1)음료수를 마신다, (2)그냥간다 : 1
자판기에 얼마를 넣을지 입력하세요 : 2000
---------------------------------------------
음료를 선택하세요. 현재 잔돈은 2000원 입니다.
(1)데자와(500원), (2)핫식스(800원), (3)콜라(600원), (4)잔돈받기
3
덜커덩~ 콜라
---------------------------------------------
음료를 선택하세요. 현재 잔돈은 1400원 입니다.
(1)데자와(500원), (2)핫식스(800원), (3)콜라(600원), (4)잔돈받기
1
덜커덩~ 데자와
---------------------------------------------
음료를 선택하세요. 현재 잔돈은 900원 입니다.
(1)데자와(500원), (2)핫식스(800원), (3)콜라(600원), (4)잔돈받기
4
딸그락~ 딸그락~ 딸그락~ 딸그락~ 딸그락~ 딸그락~ 딸그락~ 딸그락~ 딸그락~
900원을 돌려받았다.
```

13. 다음과 같이 작동하는 나뭇꾼과 곰 프로그램을 작성하세요.

1. 프로그램이 실행되면 1~10사이의 난수를 생성하여 '나무를 x번 찍었습니다.' 라는 문구를 난수만큼 반복 출력한다.

2. 출력이 끝나면 곰이 나타나고 사용자로부터 '(1)도망친다.' 혹은 '(2)싸운다.'를 입력받는다.

3-1. '(1)도망친다.'를 선택하였을 경우, 1 또는 2를 난수로 생성하여 1이면 곰에게 잡히고, 2면 곰에게서 도망치는 내용을 메시지로 출력하고 프로그램을 종료한다.

3-2. '(2)싸운다.'를 선택하면 곰과 싸우게 되어 4번으로 이동한다.

4. 곰과 싸우게 되면 6번을 공격하여 곰의 체력이 0보다 작거나 같아지면 승리하고, 그렇지 않으면 패배한다.

- **곰의 초기 체력값은 100이다.**
- **사용자는 1~30사이의 난수를 생성하여 곰의 체력을 빼앗는다.**

실행결과 | 도망에 실패한 경우

```
나무를 1번 찍었습니다.
나무를 2번 찍었습니다.
나무를 3번 찍었습니다.
나무를 4번 찍었습니다.
나무를 5번 찍었습니다.
나무를 찍던 중 당신은 큰 곰을 만납니다!!
(1)도망친다. (2)싸운다.
1
당신은 1번을 선택하셨습니다.
최선을 다해 뛰세요!!!
더 빨리~.
더 더 빨리~.
더 더 더 빨리~.
곰에게 잡혔네요.ㅠㅠ
```

실행결과 | 도망에 성공한 경우

```
나무를 1번 찍었습니다.
나무를 2번 찍었습니다.
나무를 3번 찍었습니다.
나무를 찍던 중 당신은 큰 곰을 만납니다!!
(1)도망친다. (2)싸운다.
1
당신은 1번을 선택하셨습니다.
최선을 다해 뛰세요!!!
더 빨리~.
더 더 빨리~.
더 더 더 빨리~.
휴~ 무사히 도망쳤네요^^
```

실행결과 | 싸워서 이긴 경우

```
나무를 1번 찍었습니다.
나무를 2번 찍었습니다.
나무를 3번 찍었습니다.
나무를 4번 찍었습니다.
나무를 5번 찍었습니다.
나무를 6번 찍었습니다.
나무를 찍던 중 당신은 큰 곰을 만납니다!!
(1)도망친다. (2)싸운다.
2
당신은 2번을 선택하셨습니다.
당신은 6번의 공격 안에 곰을 물리쳐야 합니다.
곰의 초기 체력은 100입니다.

1번째 공격으로 곰의 체력이 25만큼 떨어졌습니다.
남아있는 곰의 체력은 75입니다.

2번째 공격으로 곰의 체력이 21만큼 떨어졌습니다.
```

```
남아있는 곰의 체력은 54입니다.

3번째 공격으로 곰의 체력이 19만큼 떨어졌습니다.
남아있는 곰의 체력은 35입니다.

4번째 공격으로 곰의 체력이 15만큼 떨어졌습니다.
남아있는 곰의 체력은 20입니다.

5번째 공격으로 곰의 체력이 18만큼 떨어졌습니다.
남아있는 곰의 체력은 2입니다.

6번째 공격으로 곰의 체력이 9만큼 떨어졌습니다.
남아있는 곰의 체력은 -7입니다.

승리! 곰가죽을 얻었습니다.!!
```

14. 다음 그래프에서 정적분 $\int_{start}^{end}(ax^2 + bx + c)dx$는 구간 *start*부터 *end*까지의 그래프 밑면적을 나타낸다. 컴퓨터로 정적분 문제를 풀기 위해서는 구간을 등분포로 나눠서 사다리꼴 면적을 합산하는 방식의 구분구적법이 사용되어야 한다. 계수 *a*, *b*, *c*와 구간 *start*, *end* 그리고 구간 *start*~*end*의 등분포수 div를 입력받고 적분을 계산하여 출력하는 프로그램을 작성하세요. 단, 모든 입력 값은 양수이다.

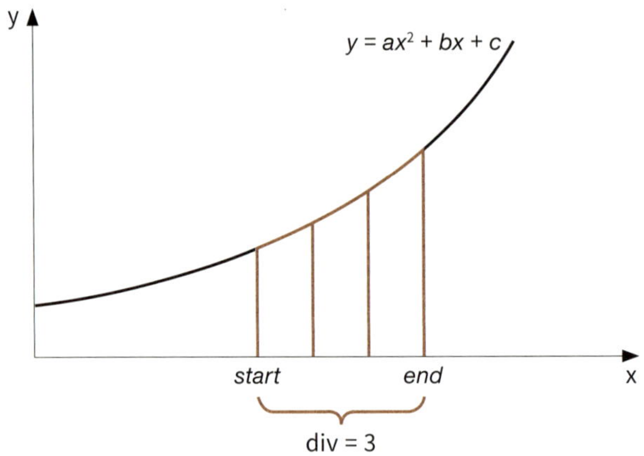

실행결과

```
실수 a 값을 입력하세요: 3.2
실수 b 값을 입력하세요: 2.1
실수 c 값을 입력하세요: 1.0
실수 start 값을 입력하세요: 1.5
실수 end 값을 입력하세요: 3.5
정수 div 값을 입력하세요: 100
정적분 값: 54.633759999
```

Chapter 9

유용한 모듈

이번 장에서는 다음과 같은 내용을 학습합니다.

Numpy

Pandas

Matplotlib

Tkinter

Numpy

Numpy는 행렬이나 대규모 다차원 배열(array)을 쉽게 처리할 수 있는 모듈(module)이다. 다차원 배열과 벡터 연산을 지원하며 계산과학(computational science)에 필요한 복잡한 연산기능을 제공한다. 배열에는 동일한 자료형의 값만 저장될 수 있으며, 이 값들은 메모리의 연속적 공간에 저장되기 때문에 일반적인 리스트보다 접근속도가 빠르다고 알려져 있다. 아래와 같은 방식으로 numpy 모듈을 불러와서 사용한다.

```
import numpy as np
ar = np.array([1, 2, 3, 4])
```

구분	설명	예시
생성	아이템을 삽입하여 배열을 생성한다.	ar = np.array([1,2]) ar = np.array([[1,2], [4,5]]) ar = np.array([[[1,2], [4,5]], [[7,8], [9,0]]])
	아이템 값의 범위를 정해주면 범위에 속한 아이템 값으로 배열을 생성한다.	ar = np.arrange(10, 20)
	배열의 크기를 정해주면 모든 아이템이 1 또는 0인 배열을 생성한다.	ar = np.ones((3, 3)) ar = np.zeros((3, 3))
	배열의 크기를 정하면 난수로 채운 배열을 생성한다.	ar = np.random.random((2, 4)) ar = np.random.uniform(1.5, 4.5, (2, 4)) ar = np.random.randint(-5, 5, (2, 3, 4))
접근	리스트처럼 인덱스로 아이템에 접근할 수 있다.	ar = np.array([[1, 2, 3], [4, 5, 6]]) ar[1] ar[1][2] ar[1][1:3] ar[0][2:]

구분	설명	예시
변형	reshape( ) 함수를 이용하여 배열의 형태를 변경한다.	ar = np.array([0, 1, 2, 3, 4, 5, 6, 7, 8, 9]) ar.reshape(2, 5) ar.reshape(5, 2)
삭제	del 명령어를 사용하여 인덱스에 해당하는 아이템을 삭제한다.	del ar[4]
변경	해당 인덱스의 아이템 값을 변경한다.	ar[3] = 15

구분	설명	예시
산술 연산	벡터에 사칙연산, 지수함수, 로그함수 등을 적용한 벡터연산을 지원한다.	ar = np.array([1, 2, 3, 4, 5]) print(ar * 2, ar ** 2) print(np.log(ar)) print(np.exp(ar))
비교 연산	벡터의 각 값에 대해 비교연산의 결과가 True 혹은 False로 반환되며 이를 이용한 필터링(filtering)도 가능하다.	ar = np.array([1, 2, 3, 4, 5]) filter_ar = ar > 2 print(ar > 2) print(ar[filter_ar])
행렬곱	행렬과 행렬의 곱연산을 지원하며 연산자로 @를 사용하거나 dot( )함수를 사용하여 계산한다.	ar1 = np.arange(1, 21, 2).reshape(2, 5) ar2 = np.arange(3, 13, 1).reshape(5, 2) print(ar1 @ ar2) print(np.dot(ar1, ar2))

함수	설명	예시
max( )	아이템들 중 최댓값을 반환한다.	result = np.max(ar)
min( )	아이템들 중 최솟값을 반환한다.	result = np.min(ar)
argmax( )	아이템들 중 최댓값의 인덱스를 반환한다.	result = np.argmax(ar)
argmin( )	아이템들 중 최솟값의 인덱스를 반환한다.	result = np.argmin(ar)
sum( )	아이템들의 합계를 반환한다. axis의 값이 0이면 각 열의 합을 반환하고, axis의 값이 1이면 각 행의 합을 반환한다.	result = np.sum(ar) result = np.sum(ar, axis=0) result = np.sum(ar, axis=1)

함수	설명	예시
mean( )	아이템들의 평균값을 반환한다.	result = np.mean(ar)
median( )	아이템들의 중앙값을 반환한다. 아이템의 개수가 짝수이면 중앙에 있는 두 아이템의 평균값을 반환한다.	result = np.median(ar)
sort( )	아이템들을 오름차순으로 정렬한다. axis의 값이 0이면 각 열의 아이템을 정렬하고 axis의 값이 1이면 각 행의 아이템을 정렬하며 기본값은 1이다.	np.sort(ar) np.sort(ar, axis=0) np.sort(ar, axis=1)
var( )	아이템들의 분산값을 반환한다.	result = np.var(ar)
std( )	아이템들의 표준편차값을 반환한다.	result = np.std(ar)

Pandas

Pandas는 배열과 스프레드시트(spreadsheet) 같은 구조화된 데이터를 분석하고 조작하기 위한 모듈이다. Pandas는 자료구조로 시리즈(series)와 데이터프레임(dataframe)을 제공한다.

시리즈는 1차원 데이터구조이고 데이터프레임은 행과 열로 구성된 2차원 데이터구조이다. 두 구조는 기본적으로 정수 인덱스를 사용할 수 있으며 정수 외의 값을 인덱스로 사용하는 경우 라벨 인덱스(label index)로 지정해서 사용할 수 있다.

index	국어
철수	84
영이	21
길동	87
미영	100
순이	59
철이	46

index / values (1차원)

index	국어	영어	수학
철수	84	87	78
영이	21	87	84
길동	87	99	76
미영	100	15	99
순이	59	77	59
철이	46	84	56

columns / index / values (2차원)

시리즈는 다음과 같이 사용할 수 있다.

```
import pandas as pd
s1 = pd.Series([1, 2, 3, 4])
```

구분	설명	예시
생성	리스트로 시리즈를 생성할 수 있다. 인덱스는 기본적으로 0부터 시작하는 정수가 되며, 특정값을 인덱스로 지정할 수도 있다.	data_list = [1, 2, 3, 4, 5] s1 = pd.Series(data_list) index_list = ['a', 'b', 'c', 'd', 'e'] s2 = pd.Series(data_list, index=index_list)
	딕셔너리로 시리즈를 생성할 수 있다. 이때 인덱스로 키가 사용된다.	data_dic = {'a':1, 'b':2, 'c':3, 'd':4, 'e':5} s1 = pd.Series(data_dic)
접근	시리즈의 이름을 사용하여 시리즈 전체에 접근하거나 인덱스를 이용하여 시리즈의 일부에 접근할 수 있다.	data_list = [1, 2, 3, 4, 5] index_list = ['a', 'b', 'c', 'd', 'e'] s1 = pd.Series(data_list, index=index_list) print(s1) print(s1[2]) print(s1[1:2]) print(s1['a']) print(s1['a':'d'])
추가	존재하지 않는 인덱스를 사용하여 항목 값을 추가할 수 있다.	s1[5] = 10 s2['x'] = 50
변경	인덱스를 사용하여 특정 항목의 값을 변경할 수 있다.	s1[1] = 1000 s2['a'] = 100
삭제	인덱스를 사용하여 항목 값을 삭제할 수 있다.	del s2['c']

또한 다음과 같은 산술연산과 논리연산 기능을 제공한다.

구분	설명	예시
산술 연산	시리즈에 사칙연산, 지수함수, 로그함수 등을 적용한 벡터연산을 지원한다.	data_list = [1, 2, 3, 4, 5] s1 = pd.Series(data_list) print(s1 + 10) print((s1 * 2) - 5)
	2개 이상의 시리즈를 연산하는 경우 동일한 인덱스의 값들에 대해 연산하며 동일한 인덱스가 없는 경우 Nan이 된다.	data_list = [1, 2, 3, 4, 5] index_list = ['a', 'b', 'c', 'd', 'e'] s1 = pd.Series(data_list, index=index_list) s2 = s1 * 2 print(s1 + s2)
비교 연산	시리즈의 각 값에 대해 비교연산의 결과로 True 혹은 False가 반환되며, 이를 이용한 필터링도 가능하다.	data_list = [1, 2, 3, 4, 5] s1 = pd.Series(data_list, index=index_list) x = s1 > 3 print(s1[x])

Pandas에서 데이터프레임은 다음과 같이 사용할 수 있다.

```
import pandas as pd
df = pd.DataFrame([8, 9, 7], [3, 4, 5], [7, 1, 2])
```

구분	설명	예시
생성	리스트나 딕셔너리로 데이터프레임을 생성할 수 있다. 생성시 행의 이름(index)과 열의 이름(columns)을 지정할 수 있다.	data_list = [[85, 75, 95], [75, 65, 55], [75, 60, 95], [90, 95, 90]] df = pd.DataFrame(data_list) names = ['A', 'B', 'C', 'D'] subject = ['가', '나', '다'] df = pd.DataFrame(data_list, index=names, columns=subject)
접근	데이터프레임에 접근할 때는 행, 열, 값으로 접근할 수 있다.	print(df.index) print(df.columns) print(df.values)
	행의 이름이나 열의 이름으로 접근하고 슬라이싱도 가능하다.	print(df['가']) print(df.나) print(df['A':'C']) print(df['나']['B':'D']) print(df.다['B':'D'])
추가	존재하지 않은 행을 추가할 때 라벨 인덱스로 추가하는 경우에는 loc[ ]를 사용하고, 정수 인덱스로 추가하는 경우는 iloc[ ]를 사용한다. 존재하지 않는 열을 추가할 때는 [ ]를 사용한다.	df.loc['행추가'] = [100, 100, 100] df['열추가'] = [99, 99, 99, 99, 99]
변경	행의 항목값을 변경할 때 라벨 인덱스로 변경하는 경우에는 loc[ ]를 사용하고 정수 인덱스로 변경하는 경우는 iloc[ ]를 사용한다. 열의 항목값을 변경할 때는 [ ]를 사용한다. 특정 행과 열의 항목값을 변경할 때는 열의 위치를 먼저 작성하고 행의 위치를 작성한다.	df.loc['A'] = [80, 90, 100] df.iloc[1] = [100, 90, 80] df['가'] = [10, 20, 30, 40] df['열추가'].loc['B'] = 1000
삭제	행과 열을 삭제할 때는 축의 방향에 주의해야 한다. axis의 값이 0이면 행방향이고 1이면 열방향이다.	df.drop('가', axis=1) df.drop('A', axis=0) df.drop(['B', 'C'], axis=0)

또한 다음과 같은 통계 함수와 데이터 전처리 관련 함수를 사용할 수 있다.

함수	설명	예시
mean( )	항목들의 평균값을 반환한다. 컬럼명을 명시하면 해당 컬럼의 평균값을 반환한다.	result = df.mean( ) result = df['국어'].mean( )
median( )	중앙값을 반환한다. 항목이 짝수 개이면 중앙에 있는 두 값의 평균값을 반환한다.	result = df.median( ) result = df['국어'].median( )
max( )	항목들 중 최댓값을 반환한다.	result = df.max( ) result = df['국어'].max( )
min( )	항목들 중 최솟값을 반환한다.	result = df.min( ) result = df['국어'].min( )
var( )	항목들의 분산을 반환한다.	result = df.var( ) result = df['국어'].var( )
std( )	항목들의 표준편차를 반환한다.	result = df.std( ) result = df['국어'].std( )
corr( )	두 변수의 관계의 강도를 반환한다. 1에 가까울수록 상관관계가 확고하다고 판단하며 0에 가까울수록 무관하다고 판단한다. -1에 가까우면 역관계로 판단한다.	result = df.corr( )
isnull( )	해당 항목에 값이 없으면 True를 반환하고 값이 있으면 False를 반환한다.	result = df.isnull( )
notnull( )	해당 항목에 값이 있으면 True를 반환하고 값이 없으면 False를 반환한다.	result = df.notnull( )
dropna( )	해당 항목에 값이 누락된 곳을 찾아서 행 또는 열을 제거하는데 axis값을 0으로 하면 행이 제거되고, 1로 하면 열이 제거된다.	df.dropna(subset = ['국어'], axis=0)
fillna( )	해당 항목에 값이 없는 곳을 찾아 주어진 값으로 변경한다.	df.fillna(10)

Pandas는 Excel, CSV(comma separated value), JSON, HDF5 등의 파일로부터 데이터를 읽어오거나 파일에 데이터를 기록할 수 있다.

파일 형식	함수	설명
Excel	read_excel( )	excel파일의 내용을 Pandas의 데이터프레임으로 읽어온다.
	to_excel( )	Pandas의 데이터프레임 내용을 excel파일에 기록한다.
CSV	read_csv( )	csv파일의 내용을 Pandas의 데이터프레임으로 읽어온다.
	to_csv( )	Pandas의 데이터프레임 내용을 csv파일에 기록한다.

Matplotlib

Matplotlib는 데이터 시각화(data visualization)를 하는 데 사용되는 모듈이다. 다양한 형태의 그래프를 그릴 수 있도록 지원하고 있다. 아래는 Pandas의 데이터프레임이 주어졌을 때, Matplotlib에서 생성할 수 있는 그래프의 종류이다.

예시

```python
import pandas as pd
scores = [[84, 87, 78], [21, 15, 84],
          [87, 84, 75], [100, 87, 99],
          [59, 99, 59], [46, 77, 56]]
nam = ['철수', '영이', '길동', '미영', '순이', '철이']
lec = ['국어', '수학', '영어']
df = pd.DataFrame(scores, index=nam, columns=lec)
```

	국어	수학	영어
철수	84	87	78
영이	21	15	84
길동	87	84	75
미영	100	87	99
순이	59	99	59
철이	46	77	56

```python
import matplotlib.pyplot as plt
```

구분	설명	예시	
선 그래프	데이터값을 직선으로 연결하여 표현한다	plt.plot(df.index, df['국어']) plt.title('국어성적') plt.xlabel('이름') plt.ylabel('점수') plt.show( )	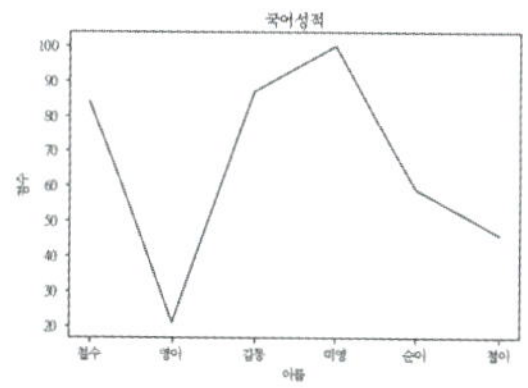
면적 그래프	선그래프를 확장하여 각 데이터값을 선 아래 면적으로 표현한다.	df.plot(kind='area', alpha=0.2) plt.title('학생들의 성적') plt.xlabel('이름') plt.ylabel('점수') plt.show( )	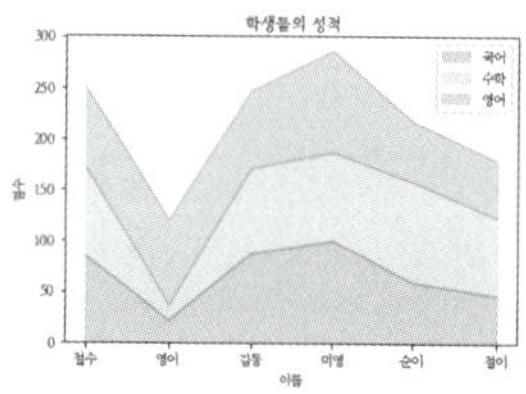

구분	설명	예시	
막대 그래프	데이터값의 크기를 직사각형의 높이로 표현하며 세로형과 가로형이 있다.	df.plot(kind='bar') plt.title('학생들의 성적') plt.xlabel('이름') plt.ylabel('점수') plt.show( )	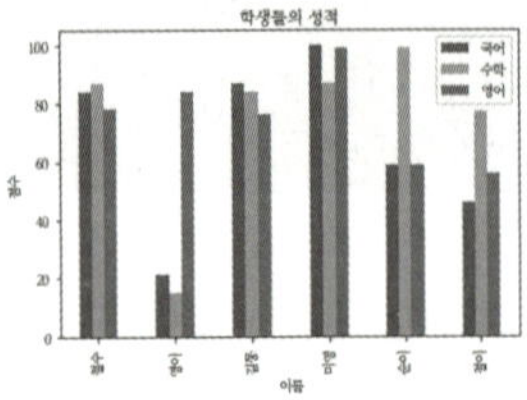
		df.plot(kind='barh') plt.title('학생들의 성적') plt.xlabel('점수') plt.ylabel('이름') plt.show( )	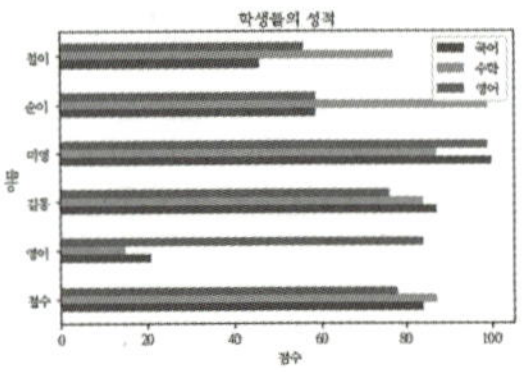
히스트로그램	한 항목에 대한 데이터의 빈도수를 표현한다.	df['국어'].plot(kind='hist', bins=10, color='green', figsize=(5,3)) plt.xlabel('국어점수') plt.show( )	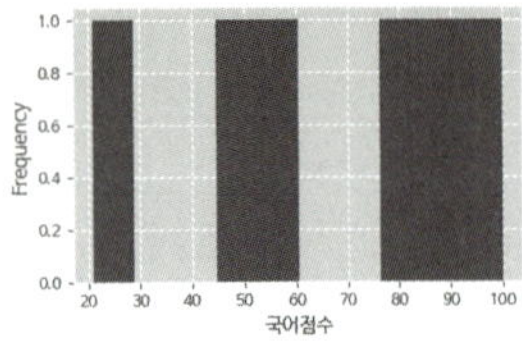
산점도	두 항목에 대한 데이터의 상관관계를 표현한다.	df.plot(kind='scatter', x='국어', y='수학', c='coral', s=50, figsize=(5,3)) plt.title('국어 vs. 수학') plt.show( )	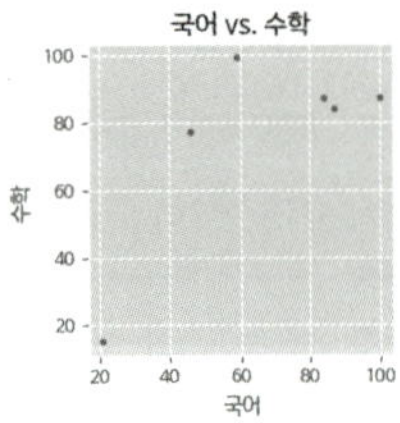

Tkinter

Tkinter는 그래픽 사용자 인터페이스(Graphic User Interface, GUI)를 개발하기 위한 도구로, 표준 라이브러리에 포함되어 있어 별도의 모듈 설치가 필요 없다.

Tkinter 프로그램은 Tk 윈도우, 메인 루프, 위젯으로 구성된다. Tk 윈도우는 Tk( )에 의해 생성되는 윈도우(window)를 말하며, 모든 Tkinter 애플리케이션은 하나의 Tk 윈도우를 반드시 포함해야 한다. 메인 루프(mainloop)는 프로그램이 종료될 때까지 사용자 입력 이벤트(마우스 클릭, 키보드 입력 등)를 감지하고 처리하는 무한 루프이다. 위젯(widget)은 버튼, 레이블 등의 시각적 UI(User Interface) 요소로 Tk 윈도우를 구성하는데 사용된다.

예시

```
from tkinter import *

# Tk 윈도우 생성
root = Tk( )
root.title('Tkinter 시작') # 제목 설정
root.geometry('500x400') # 크기 설정
# 레이블 위젯 생성
label = Label(root, text='Hello')
label.pack( ) # 레이블위젯 배치

# 메인 루프
root.mainloop( )
```

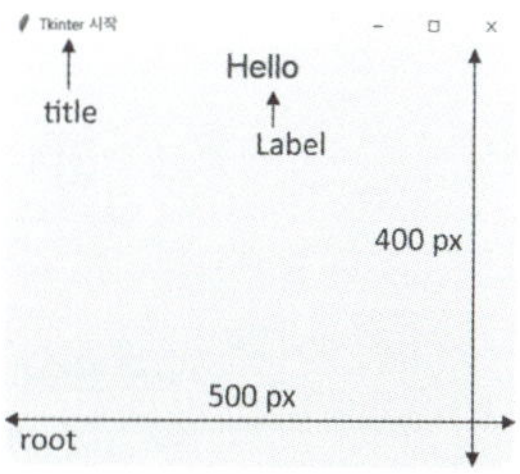

Tkinter의 위젯은 애플리케이션에서 사용자와 상호작용을 제공하는 화면 구성요소 중 하나이다. Tkinter의 대표적인 위젯은 Label, Button, Entry, Text 등이 있다.

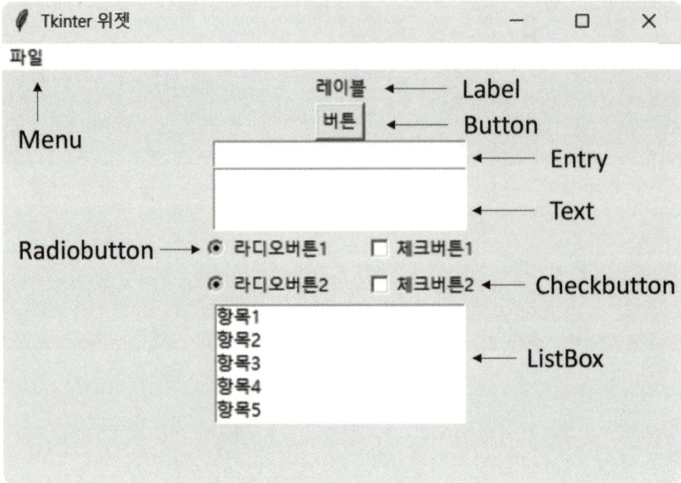

구분	설명	예시
Label	텍스트나 이미지를 표시하는 위젯으로 주로 간단한 정보나 제목을 표시하는데 사용된다.	lbl = Label(root, text='레이블')
Button	클릭 가능한 버튼으로 command 옵션을 사용하여 이벤트를 처리하는 함수를 실행시킨다.	btn = Button(root, text='버튼', command=이벤트처리함수)
Entry	단일 줄의 텍스트를 입력하거나 표시하기 위해 사용된다.	ent = Entry(root, width=30)
Text	여러 줄의 텍스트를 입력하거나 표시하기 위해 사용된다.	txt = Text(root, width=30, height=3)

Radiobutton	공유변수로 그룹화된 여러 개의 값 중에서 하나를 선택할 때 사용된다.	pval = IntVar(value=1) # 공유변수 설정
		radio = Radiobutton(root, text='라디오버튼', variable=pval, value=1)

Checkbutton	Radiobutton과 다르게 여러 개의 값을 선택할 때 사용된다.	chk = Checkbutton(root, text='체크버튼')
Listbox	여러 개의 값을 리스트 상자에 표시하고 선택할 때 사용된다.	listbx = Listbox(root)
Menu	풀다운 메뉴나 팝업 메뉴를 위해 사용된다.	mnu = Menu(root)

위젯은 다음과 같이 생성하여 변수에 지정한다. parent는 위젯이 위치할 부모 윈도우 또는 부모 위젯을 나타낸다. options는 위젯의 속성을 설정하며, 이 중 모든 위젯이 공통으로 사용하는 옵션은 아래 표와 같다.

변수 = 위젯(parent, options...)

옵션	설명	예제
text	위젯에 표시할 텍스트를 설정한다.	text = 'hello'
font	위젯에 표시할 텍스트의 글꼴과 크기를 설정한다.	font = ('Arial', 12, 'bold')
bg	위젯의 배경색을 설정한다. 배경색은 영문 또는 16진수 색상 값으로 지정이 가능하다.	bg = 'red'
fg	위젯의 글자색을 설정한다. 글자색은 영문 또는 16진수 색상 값으로 지정이 가능하다.	fg = '#FFD9FA'
width	위젯의 가로 크기를 픽셀(pixel) 단위로 설정한다.	width = 10
height	위젯의 세로 크기를 픽셀 단위로 설정한다.	height = 12

anchor	위젯의 위치를 설정한다.	anchor = 'center' #중앙
		anchor = 'n' #북쪽(위쪽)
		anchor = 's' #남쪽(아래쪽)
		anchor = 'e' #동쪽(오른쪽)
		anchor = 'w' #서쪽(왼쪽)

padx, pady	위젯의 외부 여백을 픽셀 단위로 설정한다. padx는 좌우 여백이고, pady는 상하 여백이다.	padx = 3, pady = 5

command	버튼이나 체크박스 등에서 클릭 이벤트를 처리한다.	# run_func은 이벤트처리함수
		command = run_func

위젯을 윈도우에 배치하는 방법으로는 pack, grid, place가 있다. pack은 위젯을 순차적으로 배치하고, grid는 윈도우를 행과 열로 구분하여 여러 셀로 나누고, 위젯을 특정 셀에 배치한다. place는 위젯을 정확한 x, y 좌표에 배치한다.

배치	설명	예시
pack	위젯의 배치 방향은 side 옵션으로 설정하며 top은 위에서 아래로, bottom은 아래에서 위로, left는 왼쪽에서 오른쪽으로, right는 오른쪽에서 왼쪽으로 배치할 때 사용한다.	Button(root, text='버튼1').pack(side='top') Button(root, text='버튼2').pack(side='bottom') Button(root, text='버튼3').pack(side='left') Button(root, text='버튼4').pack(side='right')
grid	row와 column 옵션을 사용하여 위젯이 배치될 행 번호와 열 번호를 설정한다(0부터 시작). rowspan과 columnspan 옵션을 사용하여 위젯이 몇 개의 행과 열에 걸쳐 배치될지를 설정할 수 있다.	Button(root, text='버튼1').grid(row=0, column=0) Button(root, text='버튼2').grid(row=0, column=1) Button(root, text='버튼3').grid(row=1, column=0) Button(root, text='버튼4').grid(row=2, column=2)
place	x와 y 옵션을 사용하여 위젯이 배치될 절대 위치를 설정한다. 또한, relx와 rely 옵션을 사용하여 배치될 윈도우의 크기를 기준으로 한 상대적 위치를 비율(0.0~1.0)로 설정할 수 있다.	Button(root, text='버튼1').place(x=0, y=0) Button(root, text='버튼2').place(x=100, y=0) Button(root, text='버튼3').place(x=0, y=100) Button(root, text='버튼4').place(x=100, y=100)

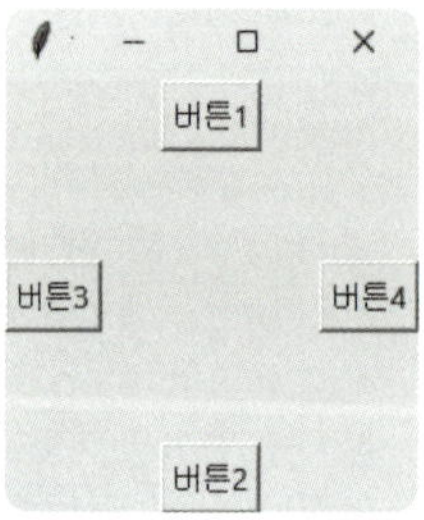

pack

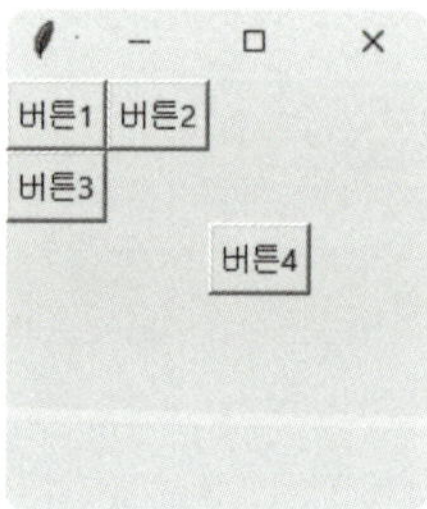

grid

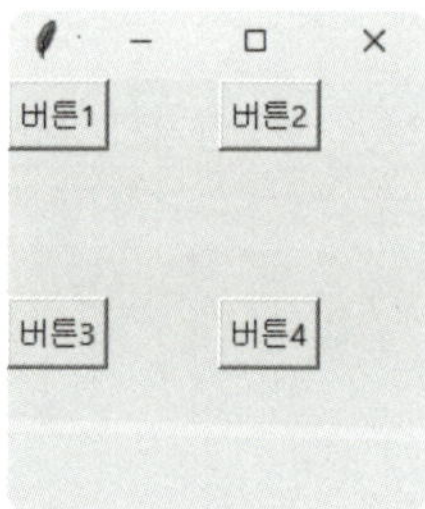

place

Tkinter의 위젯은 이벤트 바인딩을 통해 사용자가 수행하는 다양한 이벤트(버튼 클릭, 키보드 입력, 마우스 이동 등)를 감지하고, 그에 따라 특정 동작을 실행할 수 있도록 함수를 호출할 수 있다.

```
위젯.bind(event, 이벤트처리함수)
```

이벤트	설명
<Button-1>	마우스 왼쪽 버튼이 클릭될 때 발생하는 이벤트
<Button-2>	마우스 가운데 버튼이 클릭될 때 발생하는 이벤트
<Button-3>	마우스 오른쪽 버튼이 클릭될 때 발생하는 이벤트
<Double-Button-1>	마우스 왼쪽 버튼이 더블 클릭될 때 발생하는 이벤트
<B1-Motion>	마우스 왼쪽 버튼을 누른 채 이동될 때 발생하는 이벤트
<Key>	키가 눌렸을 때 발생하는 이벤트
<Motion>	마우스가 움직일 때 발생하는 이벤트
<Return>	키보드에서 Enter키를 눌렀을 때 발생하는 이벤트
<<ListboxSelect>>	리스트 박스에서 항목이 선택되었을 때 발생하는 이벤트

위젯이 생성된 후 옵션의 값을 변경하려면 config( )를 사용한다. 위젯의 속성인 텍스트, 색상, 크기 등을 변경할 수 있다.

```
위젯.config(option=value, ... )
```

연습문제

아래 코드의 실행결과를 쓰세요. 오류가 발생하면 오류라고 쓰세요.

```
import numpy as np
ar1 = np.random.randint(-10, 10, 5)
ar2 = np.random.randint(-10, 10, 5)
print(ar1, ar2)
print(ar1 + ar2)
print(ar1 - ar2)
print(ar1 * ar2)
print(ar1 / ar2)
```

```
import numpy as np
ar0 = np.arange(12).reshape(4, 3)
ar1 = np.arange(11, 14)
ar2 = np.arange(11, 15).reshape(4, 1)
print(ar0, '\n', ar1, '\n', ar2)
```

```
import pandas as pd
listA = [15, 75, 35, 25, 45]
s1 = pd.Series(listA)
print(s1, '\n', listA)
```

```
import pandas as pd
names = ['철수', '영희', '민지', '채영', '키나']
scores = [75, 85, 95, 90, 75]
s1 = pd.Series(scores, index=names)
dic = {'철수':75, '영희':85, '채영':75, '미나':98, '키나':90}
s2 = pd.Series(dic)
print(s1, s2, s1 + s2)
```

```
import pandas as pd
scores = [[84, 87, 78], [21, 15, 84], [87, 84, 76],
          [100, 87, 99], [59, 99, 59], [46, 77, 56]]
names = ['철수', '영이', '길동', '미영', '순이', '철이']
lec = ['국어', '수학', '영어']
df = pd.DataFrame(scores, index=names, columns=lec)
print(df)
```

```
## 위의 예제에서 작성한 데이터프레임 df를 사용하세요.

import matplotlib.pyplot as plt
plt.plot(df.index, df['국어'])
plt.title('국어성적')
plt.xlabel('이름')
plt.ylabel('점수')
plt.show( )
```

```
## 위의 예제에서 작성한 데이터프레임 df를 사용하세요.

import matplotlib.pyplot as plt
fig = plt.figure(figsize=(10, 5))
sub1 = fig.add_subplot(1, 2, 1)
sub2 = fig.add_subplot(1, 2, 2)

sub1.plot(df.index, df['국어'])
sub2.plot(df.index, df['영어'])
sub1.set_title('국어성적')
sub2.set_title('영어성적')
plt.show( )
```

```
## 위의 예제에서 작성한 데이터프레임 df를 사용하세요.

import matplotlib.pyplot as plt
df.plot(kind='area', alpha=0.5)
plt.title('학생 누적 성적')
plt.xlabel('이름')
plt.ylabel('점수')
plt.show( )
```

```
## 위의 예제에서 작성한 데이터프레임 df를 사용하세요.

import matplotlib.pyplot as plt
df.plot(kind='bar')
plt.title('학생 누적 성적')
plt.xlabel('이름')
plt.ylabel('점수')
plt.show( )
```

```
import pandas as pd, numpy as np
import matplotlib.pyplot as plt

names = ['철수', '영희', '민수', '수지', '상훈', '지혜']
kor_scrs=np.random.randint(0, 101, size=len(names))
eng_scrs=np.random.randint(0, 101, size=len(names))
mat_scrs=np.random.randint(0, 101, size=len(names))
df = pd.DataFrame({
    '이름': names,
    '국어': kor_scrs,
    '영어': eng_scrs,
    '수학': mat_scrs
})
print('가상의 성적 데이터:\n', df)

# 각 과목의 성적을 선 그래프로 그리기
plt.figure(figsize=(10, 6))
plt.plot(df['이름'], df['국어'], label='국어')
plt.plot(df['이름'], df['영어'], label='영어')
plt.plot(df['이름'], df['수학'], label='수학')

```

```
# 그래프 제목 및 레이블 설정
plt.title('가상의 인물 성적 비교')
plt.xlabel('이름')
plt.ylabel('성적 (100점 만점)')
plt.ylim(0, 100)                    # y축 범위 설정
plt.xticks(rotation=45)             # x축 항목이름 회전 설정
plt.legend( )                       # 범례 추가
plt.grid(True)                      # 눈금선 설정
plt.show( )
```

```
import pandas as pd
names = ['영이', '순이', '철이']
lec = ['국어', '영어', '수학']
scrs = [[84, 87, 78], [21, 15, 84], [87, 84, 76]]

df = pd.DataFrame(scrs, index=names, columns=lec)
df.to_excel('scores.xls')
fileDF = pd.read_excel('scores.xls')
print(fileDF)
```

윈도우를 생성하고, Label 위젯을 pack 방식으로 배치해 보세요.

```
from tkinter import *

root = Tk( )
root.title('Label 위젯')
label = Label(root, text='Hello', font=('Arial', 16))
label.pack( )
root.mainloop( )
```

Button 위젯의 클릭 이벤트 발생시에 bt_click( )함수를 호출해 보세요.

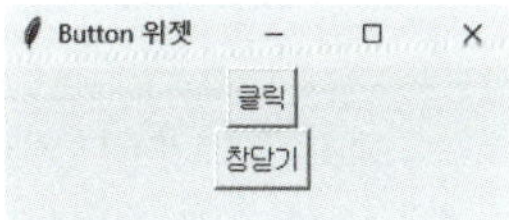


```
from tkinter import *

def bt_click( ):
    print('버튼이 클릭되었어요.')

root = Tk( )
root.title('Button 위젯')

# 버튼의 클릭 이벤트 발생 시에 bt_click 함수 호출
button = Button(root, text='클릭', command=bt_click)
button.pack( )

cbutton = Button(root, text='창닫기', command=root.destroy)
cbutton.pack( )
root.mainloop( )
```

Entry 위젯에 사용자가 입력한 데이터를 get( )함수를 사용하여 가져오고 출력해 보세요.

```
from tkinter import *

def entry_print( ):
    # entry 위젯에 입력한 문자열을 가져와 출력
    print(entry.get( ))

def clear( ):
    # entry 위젯에 입력한 문자열을 삭제함
    entry.delete(0, END)

root = Tk( )
root.title('Entry 위젯')

entry = Entry(root, width=30)
entry.pack( )

button1 = Button(root, text='입력값 출력', command=entry_print)
button2 = Button(root, text='초기화', command=clear)
button1.pack( )
button2.pack( )
root.mainloop( )
```

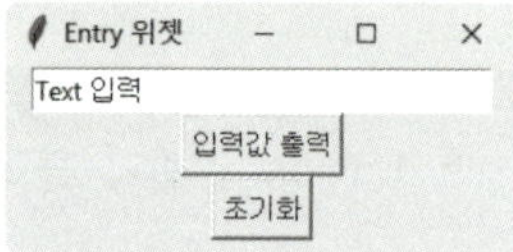

Text 위젯에 insert( )함수로 문자열을 삽입하고, 삽입된 문자열을 get( ) 함수로 가져와 보세요. 이때 프로그램 코드에서 '1.0'은 Text 위젯에서 1행의 0열 위치를 의미한다.

```
from tkinter import *

def print_text( ):
    # 입력된 문자열을 1행 0열~끝(END) 가져와 출력
    textget = text.get('1.0', END)
    print(textget)

root = Tk( )
root.title('Text 위젯')
text = Text(root, width=40, height=10)
text.pack( )

# text 위젯의 1행 0열('1.0')에 문자열을 삽입
text.insert('1.0', 'text 위젯에 값 삽입')

button = Button(root, text='입력값 출력', command=print_text)
button.pack( )
root.mainloop( )
```

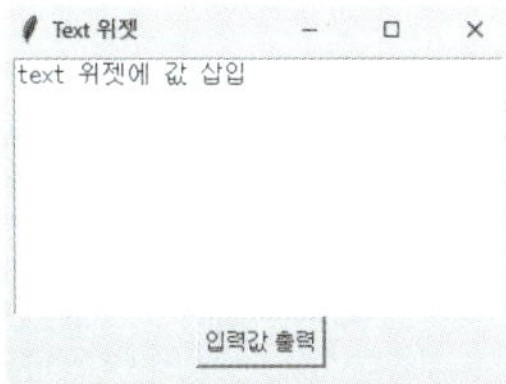

Listbox 위젯에 여러 개의 값을 표시하고, 이 중 사용자가 선택한 값을 가져와 출력해 보세요. 이때 insert(index, item)함수는 리스트 박스에 값을 삽입하며, index는 0부터 시작한다.

```
from tkinter import *

def on_select(event):
    # 선택된 값의 인덱스를 반환
    selected_index = listb.curselection( )
    if selected_index:
        # 인덱스에 해당하는 값을 가져와 출력
        selected_item = listb.get(selected_index)
        print(f'{selected_item}를 선택')

root = Tk( )
root.title('메뉴')
root.geometry('300x200')

# 리스트 박스 생성하고, 여러 개의 값 표시
listb = Listbox(root)
listb.insert(0, '피자')
listb.insert(1, '돈가스')
listb.insert(2, '떡복이')
listb.insert(3, '짜장면')
listb.pack( )

# 값을 선택시 on_select 함수 호출
listb.bind('<<ListboxSelect>>', on_select)
root.mainloop( )
```

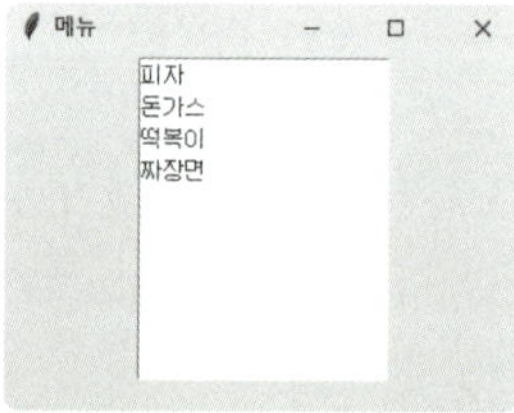

Radiobutton 위젯에서 '남성'과 '여성' 중에 하나를 선택했을 때, 공유변수를 사용하여 선택된 항목의 값을 가져와 레이블 위젯에 표시해 보세요. 공유변수는 여러 개의 라디오버튼이 그룹으로 묶여 있을 때 그룹 내에서 선택된 값을 저장하는 변수이다.

```
from tkinter import *

def display( ):
    # 공유변수의 값 가져오기
    if p_var.get( ) == 1:
        label_result.config(text='남성 선택')
    if p_var.get( ) == 2:
        label_result.config(text='여성 선택')

root = Tk( )
root.title('성별 선택')
root.geometry('300x200')

# 공유변수 생성
# (정수는 IntVar, 문자열은 StringVar)
p_var = IntVar(value=1)  # 초기값 1

# 라디오버튼 선택 시 p_var에 value값을 저장
male = Radiobutton(root, text='남성', variable=p_var,
                            value=1, command=display)
female = Radiobutton(root, text='여성', variable=p_var,
                              value=2, command=display)

label_result = Label(root, text='성별 선택')

male.pack(pady=10)
female.pack(pady=10)
label_result.pack(pady=20)
root.mainloop( )
```

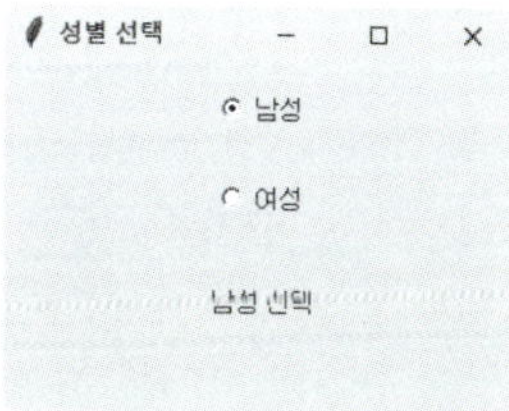

Checkbutton 위젯에서 독서, 운동, 요리 중에서 여러 개의 항목을 선택하고, 선택된 항목들을 레이블 위젯에 표시해 보세요.

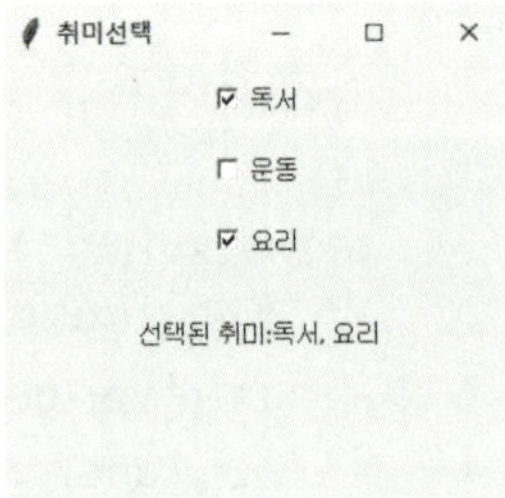


```
from tkinter import *

def display( ):
    hobbies = [ ]
    if hobby1.get( ):
        hobbies.append('독서')
    if hobby2.get( ):
        hobbies.append('운동')
    if hobby3.get( ):
        hobbies.append('요리')
    if hobbies:
        result.config(text=f'선택된 취미: {', '.join(hobbies)}')
    else:
        result.config(text=f"선택된 취미:없음")
root = Tk( )
root.title('취미선택')
root.geometry('300x250')

# 체크버튼에 대한 변수 정의
# (논리형은 BooleanVar)
hobby1 = BooleanVar(value=False)
hobby2 = BooleanVar(value=False)
hobby3 = BooleanVar(value=False)

# 체크버튼 선택 시 각 변수에 True를 지정
checkbox1 = Checkbutton(root, text='독서', variable=hobby1,
                                    command=display)
checkbox2 = Checkbutton(root, text='운동', variable=hobby2,
                                    command=display)
checkbox3 = Checkbutton(root, text='요리', variable=hobby3,
                                    command=display)

```

```
result = Label(root, text='취미 선택')

checkbox1.pack(pady=5)
checkbox2.pack(pady=5)
checkbox3.pack(pady=5)
result.pack(pady=20)
root.mainloop( )
```

윈도우에 Menu 위젯을 사용하여 메뉴를 만들고, 메뉴가 클릭될 때 실행될 함수를 호출해 보세요. 이때 함수에 전달인자를 전달하려면 lamda를 사용할 수 있다. lambda는 익명 함수(anonymous function)를 정의할 때 사용하는 키워드로 함수 이름 없이 한 줄로 간단한 코드를 구현할 수 있다.

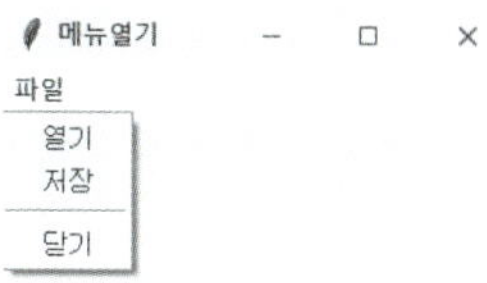


```
from tkinter import *

def printlabel(message):
    print(message)

root = Tk( )
root.title('메뉴열기')

# 윈도우에 메뉴바 생성
menubar = Menu(root)

# 메뉴 생성
# tearoff=0 하위메뉴의 분리를 비활성화
filemenu = Menu(menubar, tearoff=0)

# 메뉴바에 하위메뉴 추가
menubar.add_cascade(label='파일', menu=filemenu)

```

```
# 하위메뉴에 항목 추가
# lambda 함수에서 printlabel( ) 함수를 호출
filemenu.add_command(label='열기', command=lambda:printlabel('열기'))
filemenu.add_command(label='저장', command=lambda:printlabel('저장'))
filemenu.add_separator( )  # 수평 분리선 추가
filemenu.add_command(label='닫기', command=root.quit)

# 윈도우에 메뉴바를 표시
root.config(menu=menubar)
root.mainloop( )
```

config( )를 사용하여 위젯의 속성 중에서 배경색을 변경해 보세요.

```
from tkinter import *

def changecolor( ):
    # 윈도우의 배경색 변경
    root.config(bg='gray')

root = Tk( )
root.title('배경색 변경')
root.geometry('100x100')

button = Button(root, text='배경변경', command=changecolor)
button.pack( )
root.mainloop( )
```

실습문제

1. Numpy를 이용하여 다음과 같은 배열을 생성하세요.

	문제
1	다음과 같은 크기의 임의의 배열을 생성하고 모두 1로 채우기 · 깊이(면) × 행 × 열: 2 × 5 × 4
2	다음과 같은 크기의 임의의 배열을 생성하고 모두 0으로 채우기 · 깊이(면) × 행 × 열: 3 × 3 × 3
3	다음과 같은 크기의 임의의 배열을 생성하고, 0이상 1미만의 임의의 실수로 채우기 · 깊이(면) × 행 × 열: 5 × 5 × 2
4	다음과 같은 크기의 임의의 배열을 생성하고 4.5이상 7미만의 임의의 실수로 채우기 · 깊이(면) × 행 × 열: 7 × 1 × 4

2. Numpy를 이용하여 다음을 수행하세요.

	문제
1	· [7, 5, 9, 10]과 [4, 10, 6, 2]를 생성하기 · 각 배열의 값에 3을 곱한 후 두 배열을 더한 결과를 출력하기
2	· [[7, 5, 9, 10], [4, 10, 6, 2]]과 [[1, 3, 4, 9], [14, 7, 6, 4]]를 생성하기 · 첫 번째 배열에서 두 번째 배열을 뺀 뒤, 각 값이 양수인지를 True 혹은 False로 출력하기

3. 아래는 국가(country)별로 대륙(continent), 조사연도(year), 기대수명(lifeExp), 인구수(pop), 1인당 국민소득(gdpPercap)을 정리한 통계자료이다. Pandas의 데이터프레임으로 만들고, 다음 작업을 수행하세요.

country	continent	year	lifeExp	pop	gdpPercap
Afghanistan	Asia	1952	28.801	8425333	779.445314
Afghanistan	Asia	2002	42.129	25268405	726.734055
Albania	Europe	1992	71.581	3326498	2497.437901
Algeria	Africa	1982	61.368	20033753	5745.160213
Angola	Africa	1972	37.928	5894858	5473.288005
Argentina	Americas	1962	65.142	21283783	7133.166023
Australia	Oceania	1952	69.120	8691212	10039.595640
Australia	Oceania	2002	80.370	19546792	30687.754730
Austria	Europe	1992	76.040	7914969	27042.018680
Bahrain	Asia	1982	69.052	377967	19211.147310

- **country열 추출하기**
- **country, continent, year열 추출하기**
- **첫 번째 행 추출하기**
- **2, 4, 6번째 행 추출하기**
- **3 ~ 5행 추출하기**
- **7 ~ 10행 데이터 중에서 country, lifeExp, gdpPercap열의 데이터만 추출하기**
- **1, 3, 5번째 행에서 country, continent, pop열의 데이터만 추출하기**

4. 아래 자료를 Pandas의 데이터프레임으로 만들고 다음 작업을 수행하세요.

	성별	나이	직업
김철수	남	60	전문직
김미영	여	62	기타
이수지	여	20	학생
홍길동	남	32	직장인
이철	남	45	자영업

- **여성 고객 명단 추출하기**
- **남성 고객 명단 추출하기**
- **나이가 60이상인 여성 고객 명단 추출하기**
- **나이가 60이상인 남성 고객 명단 추출하기**
- **직업이 학생인 고객 명단 추출하기**
- **30대 혹은 40대인 고객 명단 추출하기**

5. 다음은 서울시의 각 구별 인구수와 CCTV수가 연도별로 저장된 자료의 일부로 CCTV_pop.xlsx 파일에 저장되어 있다. 이 엑셀 파일을 읽어 들여 Pandas의 데이터프레임으로 만들고 다음 작업을 수행하세요.

구별	인구수(명)	한국인(명)	외국인(명)	고령자(명)	CCTV수(개)
종로구	162,913	152,778	10,135	26,981	1,925
중구	135,836	125,942	9,894	22,421	1,260
용산구	245,139	229,168	15,971	38,049	2,379
성동구	314,608	306,404	8,204	43,076	2,554
광진구	370,658	354,873	15,785	46,288	1,228
동대문구	363,262	346,750	16,512	57,570	1,555
중랑구	407,211	402,203	5,008	62,789	1,053

- **구별 인구수를 선그래프로 그리기**
- **구별 CCTV수를 막대그래프 그리기**
- **구별 한국인의 수, 외국인의 수, 고령자의 수를 면적그래프로 그리기**

6. 다음은 서울시의 각 자치구별 인구 조사 자료의 일부로 pop_in_seoul.xlsx 파일에 저장되어 있다. 이 엑셀 파일을 읽어 들여 Pandas의 데이터프레임으로 만들고, 다음 작업을 수행하세요.

자치구	전체(명)	한국인(명)	외국인(명)	고령자(명)
종로구	162,913	152,778	10,135	26,981
중구	135,836	125,942	9,894	22,421
용산구	245,139	229,168	15,971	38,049
성동구	314,608	306,404	8,204	43,076
광진구	370,658	354,873	15,785	46,288

- **엑셀 파일에서 자료를 불러와서 인덱스를 '자치구'로 설정하여 데이터프레임으로 만들기**
- **각 항목별 인구수 최댓값 구하기**
- **각 항목별 인구수 최솟값 구하기**
- **전체 인구수와 고령자수 간의 상관관계 구하기**

7. 사용자가 입력한 온도를 섭씨에서 화씨 또는 화씨에서 섭씨로 변환하는 프로그램을 작성하고자 한다. 다음 조건에 따라 프로그램을 작성하세요.

조건 1: 다음의 온도 변환 공식을 사용한다.

섭씨(C)에서 화씨(F)로의 변환 공식:

F = C * 9 / 5 + 32

화씨(F)에서 섭씨(C)로의 변환 공식:

C = (F - 32) * 5 / 9

조건 2: 사용자로부터 온도를 입력받기 위해 Entry 위젯을 사용한다.

조건 3: '섭씨→화씨' 또는 '화씨→섭씨' 버튼을 클릭하였을 경우 변환된 결과를 소수점 첫째 자리까지 Label 위젯에 표시한다.

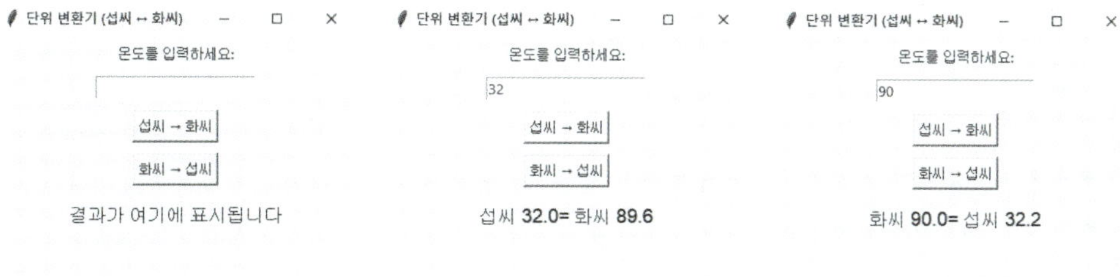

8. 두 개의 숫자를 입력받아 사칙연산을 수행하는 계산기 프로그램을 작성하세요. 사용자가 두 개의 숫자를 입력하고, 각 연산 버튼을 클릭하면 결과가 화면에 표시된다.

조건 1: Entry 위젯을 사용하여 두 개의 숫자를 입력받는다.
조건 2: 사칙연산에 대한 '+, -, *, /' 버튼을 생성한다.
조건 3: 사칙연산 버튼을 클릭하면 입력된 두 숫자의 연산 결과를 Label 위젯에 표시한다.
조건 4: '초기화' 버튼을 클릭하면 Entry 위젯에 입력된 값과 Label 위젯의 연산 결과를 삭제한다.

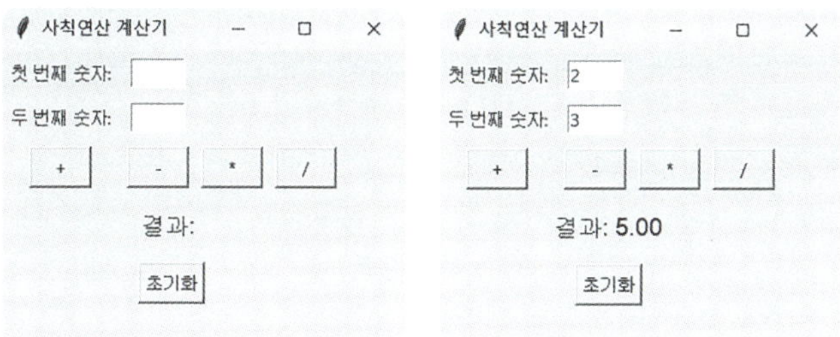

9. 사용자가 특정 단위를 선택하고 값을 입력하면 다른 단위들로 변환된 값을 출력하는 프로그램을 작성하세요.

조건 1: RadioButton 위젯을 사용하여 길이, 질량, 힘, 압력 중 하나의 입력 단위를 선택한다.

조건 2: 입력 단위에 따라 선택 가능한 변환 단위는 다음과 같다. 입력 단위 선택에 따라 변환 단위에 대한 RadioButton 위젯의 text 속성 값이 변경되어야 한다.

- **길이: cm, in, ft**
- **질량: kg, t, lb**
- **힘: N, kgf, lbf**
- **압력: kgf/cm^2, bar, Pa**

조건 3: 변환에 대한 비율은 다음과 같다. 이를 이용하여 Entry 위젯에 입력된 물리량 단위를 변환하여 Label 위젯에 표시한다.

- **길이: 1 cm = 0.3937 in = 0.03281 ft**
- **질량: 1 kg = 0.01 t = 2.20462 lb**
- **힘: 1 N = 0.101972 kgf = 0.2248 lbf**
- **압력: 1 kgf/cm^2 = 0.980665 bar = 98066.5 Pa**

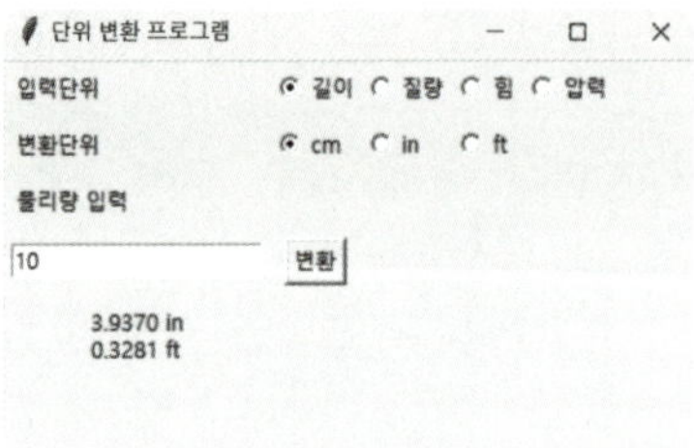

길이 선택

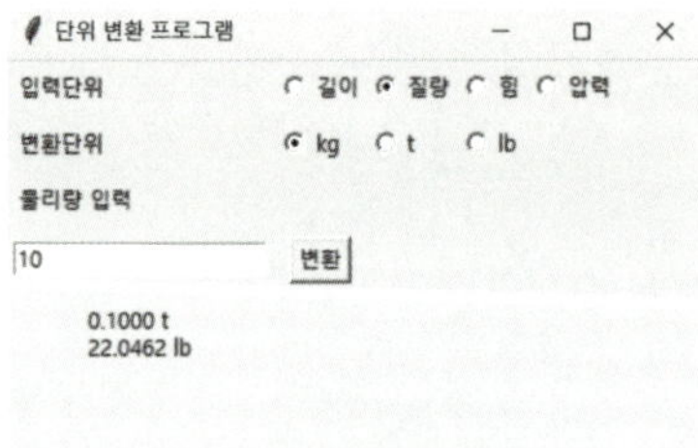

질량 선택

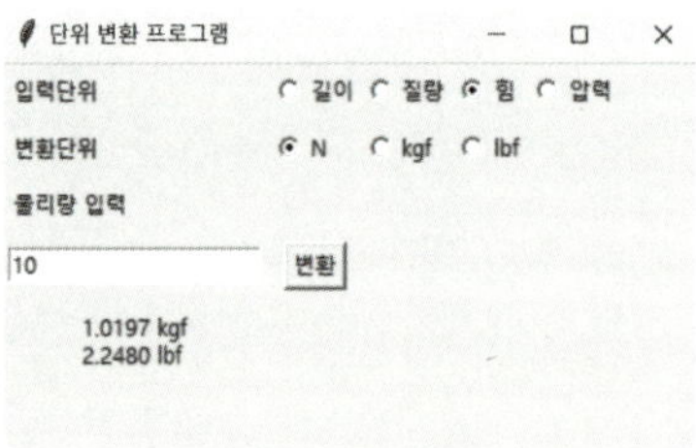

힘 선택

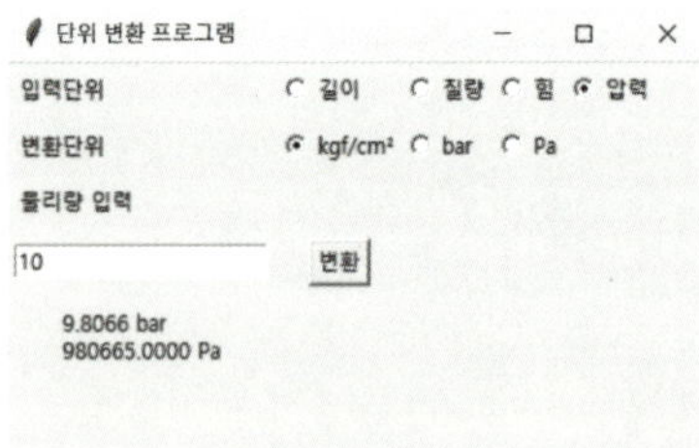

압력 선택

10. Button 위젯과 Entry 위젯을 이용하여 다음과 같은 기능을 제공하는 계산기 프로그램을 작성하세요. 계산기는 다음과 같은 기능을 제공해야 한다.

조건 1: 0부터 9까지의 숫자 버튼과 '+, -, *, /'를 위한 연산 버튼을 생성한다.
조건 2: 숫자 버튼을 클릭하면 Entry 위젯에 숫자가 추가되어야 한다.
조건 3: '=' 버튼을 클릭하면 계산 결과를 Entry 위젯에 표시한다.
조건 4: 'C' 버튼을 클릭하면 연산에 사용된 변수들과 Entry 위젯의 값들을 초기화한다.

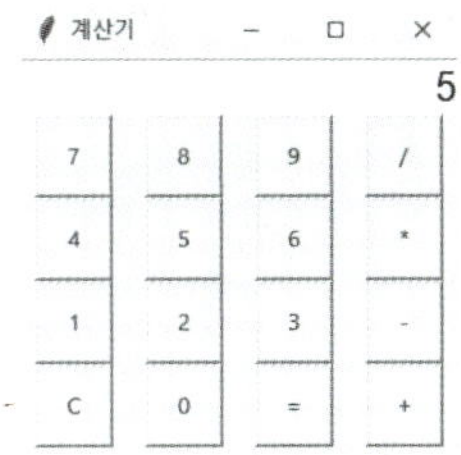

5 버튼을 클릭

+ 버튼을 클릭

2 버튼을 클릭

= 버튼을 클릭

집필진

—

한양대학교 공과대학 공학교육혁신센터 교수 **원정임**

한양대학교 공과대학 공학교육혁신센터 교수 **조호성**

한양대학교 공과대학 공학교육혁신센터 교수 **탁문호**

공학도를 위한 창의적 컴퓨팅

펴낸날 2025년 1월 31일 초판 1쇄

지은이 원정임·조호성·탁문호 ● **펴낸이** 이기정

펴낸곳 한양대학교출판부 ● **출판등록** 제4-7호(1972.2.29)

주소 서울 성동구 왕십리로 222 ● **전화** 02.2220.1432-4 ● **팩스** 02.2220.1435

홈페이지 press.hanyang.ac.kr ● **이메일** presshy@hanyang.ac.kr

본문디자인·편집 김민지 ● **표지** 안광일 ● **인쇄** 네오프린텍

값 **22,000** 원

ISBN 978.89.7218.822.3 (93000)